K.T.C. Mission Trip

KAZAKHSTAN 카자흐스탄
TANZANIA 탄자니아
COLOMBIA 콜롬비아

선교 여행기

카자흐스탄
탄자니아
콜롬비아

안문균 목사 지음

쿰란출판사

머리말

"선교는 성도들의 대 사명(The Great Commission)이요, 땅에 존재하는 모든 교회들의 준엄한 사역이다"라는 글은 언제 들어도 가슴 벅차다. 우리의 작은 선교에 대한 열심들이 하나님의 거대한 섭리에 덧입을 때에 그 열매는 크고 무한하다.

하나님께서 금번에 주님의교회가 카자흐스탄, 탄자니아, 그리고 콜롬비아에 예배당 건축사역 및 단기 선교여행을 다녀올 수 있도록 은혜와 축복을 흠뻑 주셨다. 작고 연약한 교회였지만 풍성하고 넉넉하게 채워주시는 하나님의 능력의 손길을 직접 체험할 수 있었다. 하나님의 손에는 작은 것이나 부족한 것이 있을 수 없다는 귀중한 교훈도 받았다.

주님의교회에서 '10채의 해외 예배당 건축사역'이라는 목표를 갖게 해 주신 하나님의 손길에 다시 한번 감사드린다. 이번 《선교 여행기》(KTC Mission Trip)를 통하여 주님의교회의 선교사역을 함께 나누고 싶다.

첫째로, 카자흐스탄 '다리야교회' 예배당 건축 사역을 주님의 교회에서 참여하여 손수 도울 수 있게 해 주신 하나님의 크신 사랑에 감사드린다.

둘째로, 탄자니아 '무헤자교회' 예배당 건축을 주님의교회에서 직접 참여하여 도울 수 있게 해 주신 하나님의 능력에 감사드린다.

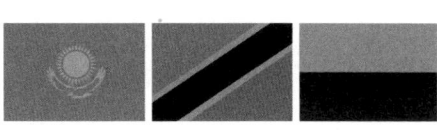

셋째로, 콜롬비아 단기선교 사역이라는 위대한 목표를 이룰 수 있게 주님의교회와 성도들을 하나님께서 복 주심에 감사드린다.

2024년 현재까지 주님의교회에서 모두 8채의 해외 예배당 건축 사역(탄자니아 TCBC 신학교, 카자흐스탄 다리야교회, 키르기스스탄 카라쿨교회, 탄자니아 무헤자교회, 키르기스스탄 레닌스꼬교회, 탄자니아 엘림 펜테코스트 교회, 키르기스스탄 까자르만교회, 키르기스스탄 보스테리교회)을 하나님 손길의 도움으로 기쁘게 감당했다. 모든 것이 하나님 축복의 은혜이었나. 《선교 여행기》(KTC Mission Trip)를 통하여 하나님의 크신 역사와 은혜를 기억하며 감사드리고, 주님의교회 모든 믿음의 성도들에게 감사드리고, 부족한 종으로 하여금 귀하고 큰 사역을 잘 감당할 수 있도록 섭리해 주신 하나님의 역사에 감사드린다.

마지막으로 주님의교회가 이 땅에 존재하는 동안 하나님의 크신 섭리와 은혜와 축복으로 더 많은 해외 예배당 건축 사역을 감당케 해 달라고 하나님께 간절히 기도하면서, 본 책자가 출판되기까지 헌신해 주신 주님의교회 성도님들, 나의 세 자녀와 사위들, 사랑하는 아내 그리고 출판해 주신 쿰란출판사 모든 분들께 감사드린다.

주후 2025년 2월
미국 펜실베이니아 해버타운 서재에서
저자 안 문 균 (Pastor, Ph.D)

차례

머리말 ... 2

1부 카자흐스탄 짧은 선교 여행, 긴 감동!

필라델피아에서 독일까지(2005년 8월 24일 수요일)	8
여호와 이레의 하나님: 하나님은 선교에 급하시다!	11
하나님의 카이로스는 실수가 없다!	20
하늘의 지혜를 주시옵소서!	25
알마티에서 카라간다까지(2005년 8월 26일 금요일)	31
선교지에서의 첫 번째 예배(2005년 8월 27일 토요일)	34
"오늘은 D-Day입니다!"(2005년 8월 28일 주일)	38
선교의 영이 함께하는 곳(2005년 8월 29일 월요일)	46
떠남과 다시 올 기약을 하면서(2005년 8월 30일 화요일)	48
하나님께서 계수해 주시는 카이로스!(2005년 8월 31일 수요일)	53
알마티에서의 마지막 날!(2005년 9월 1일 목요일)	56
돌아가야 하는 아쉬움의 날!(2005년 9월 2일 금요일)	62

2부 탄자니아 검은 대륙 아프리카를 향한 선교의 첫 발걸음!

작은 선교의 날개를 펴고(2013년 3월 4일 월요일)	74
킬리만자로의 환영 인사(2013년 3월 5일 화요일)	79
별도의 다이어트가 불필요한 체험(2013년 3월 6일 수요일)	85

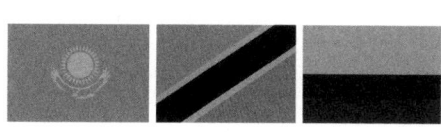

왜 그리스도인들도 고난을 당하나?(2013년 3월 7일 목요일) 92
더위를 이긴 신학교 강의(2013년 3월 8일 금요일~3월 9일 토요일) 101
LSS의 예배, KLPT 교회 예배당 완공 감사 예배(2013년 3월 10일 주일) 110
마사이 부족 스타일의 염소 구이를 즐기며(2013년 3월 11일 월요일) 122
작은 비행기에 몸을 맡김이 두려운 하루였지만(2013년 3월 12일 화요일) 132
생전 처음 가는 야생 사파리 - 타랑기레 국립공원(2013년 3월 13일 화요일) 141
탄자니아 최대의 분화구를 정복하던 날!(2013년 3월 14일 목요일) 151
가시 마을에서 탄자니아에서의 마지막 날(2013년 3월 15일 금요일) 163

3부 콜롬비아 단기 선교 여행, 길고 긴 감동!

첫째 날의 감사, 선교는 오케스트라다(로마서 3:23-24) 182
둘째 날의 감사, 겸비하고 내 얼굴을 구하라(역대하 7:14) 185
셋째 날의 감사, "그 날 밤에"(사도행전 23:11) 188
넷째 날의 감사, 날마다 더해지는 축복(사도행전 2:42, 47) 191
다섯째 날의 감사, 작은 헌신 큰 감동(예레미야 1:5) 194
여섯째 날의 감사, 이김을 주시는 하나님(고린도전서 15:52, 57) 197
일곱째 날의 감사, 은혜 없이는(로마서 5:8) 200
여덟째 날의 감사, 하나님의 구원하심은 실수가 없다(갈라디아서 3:16) 203

KAZAKHSTAN

카자흐스탄

K.T.C. Mission Trip

1부 카자흐스탄

짧은 선교 여행, 긴 감동!

2005년 8월 24일부터 9월 2일까지

선교를 향한 발걸음을 떼면서 처음 가는 길에 대한 두려움이 있었습니다. 과거에는 공산주의 소비에트의 연방 국가였기에 사회 분위기와 국민들의 삶의 모습이 어떤지, 정치적으로는 안정이 되어 있는지에 대한 걱정이 있었습니다. 그러나 요단강을 갈랐던 여호수아처럼 '믿음의 첫 발걸음'을 내딛었습니다. 그렇게 성도님들의 기도와 후원으로 주님의교회가 선교 사역의 첫 장을 기록했습니다.

필라델피아에서 독일까지

2005년 8월 24일 수요일

개인적으로나 교회적으로 잊을 수 없는 귀한 날이었습니다. 처음으로 해외 선교를 향한 '주님의교회'의 작은 날개가 펼쳐지는 날이었기 때문입니다. 담임목사로서 보다 높은 차원의 선교 계획을 세워보고 싶은 열망이 선교의 발을 달리게 했습니다.

처음 가는 길에 대한 두려움과 걱정을 가슴에 담고, 아내와 자녀들이 만들어 준 아름다운 격려의 글이 담긴 카드를 가방에 담아서 집을 떠났습니다. 독일의 프랑크푸르트(Frankfurt) 공항을 향하여 비행기의 우렁찬 소리를 뒤로하면서 유에스 에어(U.S. Air) 항공기가 하늘을 향하여 힘차게 올랐습니다.

"오, 주님, 이제 갑니다. 동행하여 주시옵소서."

짧지만 간절한 기도를 하나님께 드렸습니다. 약 7시간 정도를 날아간 비행기가 독일 공항에 도착했습니다. 부슬부슬 비가 내리고 있었습니다. 독일 땅을 처음 밟는 저를 환영하는 것은 가랑비였습니다. 메

마른 영혼들을 적셔 줄 수 있는 가랑비가 어찌나 아름답게 보이던 지요. 창문에 흘러내리는 가랑비를 바라보면서 무려 5시간 동안이나 다음 비행기를 기다려야만 했습니다. 평상시에 얼마나 금식을 안 했던지(?) 원하지 않게는 5시간 동안이나 '금식'의 시간을 보내야만 했습니다.

비행기를 탈 때마다 항상 기도합니다. 옆자리에 복음을 전할 수 있는 사람을 만나게 해 달라고. 이번에는 흑인 미군 병사와 동승하게 되었습니다. 나이가 22세 정도인데 벌써 군대 생활 4년째에 접어들었다고 합니다. 공부하기 싫어서 군대 생활을 시작했다고 고백하더군요. 예수 믿으라고 말 한마디 할 수 없었습니다. 얼마나 불안해하고, 좌불안석이던지. 그러나 미리 준비해 간 전도지 한 장을 전할 수 있었습니다. 〈니모를 찾아서〉(Finding Nemo)라는 영화를 가지고 복음을 끄집어낸 예쁜 전도지였습니다. 한참을 읽어 보더니 말합니다. "흥미롭고 재미있군요. 이 전도지 제가 가져도 됩니까?"라고 묻는 것이었습니다. 이 순간을 기다렸다는 듯이 대답했습니다.

"물론, 이 전도지는 당신의 것입니다. 가져도 됩니다."

가슴에 달린 작은 주머니에 전도지를 넣어 비행기에서 내리는 미군 병사를 위하여 기도했습니다.

"주님, 전도지를 읽고 저 흑인 병사의 영혼이 예수님을 만나게 해 주세요. 그리고 그의 영혼을 구원해 주세요."

독일 프랑크푸르트 공항은 안전 점검이 참으로 까다로웠습니다. 앞에 계신 70여 세 정도 되는 분이 온몸에 붕대를 감았는데 많이 아프신 모양입니다. 안전 짐검 요원이 이분에게 붕대를 모두 풀라고 합니다. 시간이 무려 30분 이상이나 지체되기도 했습니다. 뒤에 서 있는 많은 분들의 원성이 들려 왔습니다. 공항 밖으로 나가지도 않고 공항 안에서 무려 5시간을 기다려야 함에도 불구하고 안전 점검을 이중 삼중으로 하는, 독일 사람들의 안전에 대한 우려를 읽을 수 있었습니다. 많은 여행객들이 숫자를 셀 수 없을 정도로 왕래하고 있었고, 육신은 피곤하고 상기된 마음으로 공항의 딱딱한 의자에 앉아 있었음에도 불구하고 잠의 유혹을 이길 수 없었습니다. 독일 말을 알지 못하기에 미국으로 전화를 하긴 해야 하는데 공중전화를 어떻게 사용하는지를 모르니… 답답하기 그지없었지만 참을 수밖에 없었습니다. 카자흐스탄에 도착하여 전화하기로 마음을 먹어 보지만 왠지 불안함이 떠나질 않았습니다.

  공항의 의자에 앉아서 다음 비행기를 기다리는 동안 마음속에서는 그동안 품었던 '선교에 있어서 하나님은 급하시다'라는 생각과 간증이 마음을 떠나지 않았습니다. 오늘의 카자흐스탄 선교를 준비하면서 하나님의 급하신 마음을 다시 상기할 수 있는 은혜를 누렸습니다.

여호와 이레의 하나님: 하나님은 선교에 급하시다

지난 2월 27일(주일)에 우리 교회에서 김신한, 김인옥 선교사님 내외분을 모셨습니다. 지난 1995년 선교지로 떠나면서 체리힐 인근에서 개척 교회를 시작하는 우리 내외에게 "선교지에는 일감이 많습니다"라는 말을 부담감으로 가슴에 심어 놓으신 분들입니다.

이날에 주님의교회 성도들은 두 분을 통하여 카자흐스탄 선교의 비전을 나눌 수 있었습니다. 친교 시간에 김인옥 선교사님의 입을 통하여 나온 '자매 교회'(Sister's Church)에 대한 비전은 가슴 한구석에 부담감으로 자리 잡기 시작했습니다. 당시 3,000달러 정도면 예배당이 없는 마을에 건물을 구입하여 예배 처소로 사용하도록 도움을 줄 수 있다는 것이었습니다. 항상 "부담감이 사명입니다"라고 가르쳐 왔던 목사의 마음속에 이 비전이 부담감으로 자리를 잡았습니다. 잠을 자다가도 깨어서 아내에게 말했습니다.

"여보, 우리 주님의교회가 카자흐스탄에 예배당 건물을 구입해서 현지 성도들이 마음 놓고 예배드릴 수 있도록 하기 위해 하나님께 건물을 봉헌해야 한다는 일이 항상 부담감으로 남아 있네요."

연약하지만 선교를 하고 싶은 열망이 가슴을 꽉 채우는 경험을 했습니다. 3월 중으로 성도님들과 비전을 나누어야겠다고 결심하고 기도하기 시작했습니다. 3월 2일(수요일)에 NJ에서 전화가 걸려 왔습니다. 사랑하는 김 집사님의 전화였습니다. 1년 전에 천국에 먼저 가신 어머님의 추도예배 설교를 부탁하는 전화였습니다. 3월 5일 토요일 저녁 7시에 1주기 추도예배를 드리기로 약속을 했습니다. 그리고 잠시 동안 카자흐스탄 선교지 현지인들을 위한 예배당 봉헌 비전을 나누며 기도를 부탁하고 전화를 내려놓았습니다. 약 30여 분 뒤에 다시 김 집사님이 전화를 걸어 왔습니다.

"목사님, 전화를 끊고 난 뒤에 하나님께서 많은 생각을 하게 해주셨습니다. 어머님께서 1년 전에 남겨 놓으신 유품들 가운데 1,500달러 정도의 헌금이 있었습니다. 이 헌금은 어디에 드려야 할까 고민하는 가운데 목사님의 카자흐스탄 선교 비전을 들었습니다. 그리고 마음에 큰 확신으로 가득 찼습니다. 이 헌금을 카자흐스탄 예배당 건물 구입 헌금으로 드려야겠다는 확신입니다. 물론 앞서가신 어머님도 기뻐하실 것입니다."

생각만 해도 들어주시는 좋으신 하나님을 체험했습니다. 하나님의 영광을 드러내는 일에 물질이 부족하지 않도록 채워 주시는 하나님을 만날 수 있었습니다. 카자흐스탄에 예배당 건물을 구입하는 일에 50퍼센트를 하나님께서 이미 만들어 주셨습니다. 더욱 확신이 왔습니다. '이 비전은 하나님의 뜻이다. 하나님께서 선교에서만큼은 급하시구나' 라는 귀한 은혜가 가슴에 흘러넘치는 것을 체험했습니다. 할렐루야!

3월 6일 주일에 주님의교회 성도님들에게 작은 비전을 나누었습니다. 그리고 "선교에 하나님은 급하십니다!"라고 말씀을 선포했습니다. 3,000달러를 목표로 세우고 함께 출발할 것을 모든 성도들과 다짐했습니다. 또한 NJ의 김 집사님의 사랑의 헌신을 나누었습니다.

이날은 주님의교회가 공식적으로 카자흐스탄 선교의 불을 붙이기로 한 날입니다. 그리고 NJ에서 받아 온 예물을 하나님께 드리는 감격을 체험했습니다.

한 주일 뒤인 3월 13일 주일에 주님의교회 한 가정이 카자흐스탄 예배당 구입 헌금으로 500달러를 드렸습니다. 아직 미국에 정착하는 과정에 있는 가정인지라 더 많은 것들이 필요함에도 불구하고 하나님의 음성에 순종하는, 카자흐스탄의 선교의 비전에 동참하는 귀한 가정을 위하여 눈물로 기도하는 복을 누렸습니다.

3월 20일 주일에는 지난날 NJ에서 동고동락하며 교회 개척의 길을 걸어갔던 박 집사님께서 부활 감사헌금으로 500달러를 보내오셨습니다. 예기치 않았던 은혜였기에 놀란 마음으로 집사님께 전화를 걸었습니다. 수년 만에 처음 듣는 음성이었습니다. 부활주일에 저와 교회가 생각나서 헌금을 보냈다고 말하는 집사님의 음성이 얼마나 은혜롭게 들려오는지요. 주님의교회에서 추진하고 있는 카자흐스탄 선교 비전을 나누고 이번 부활 감사헌금도 카자흐스탄 선교지 예배당 구입 헌금으로 드리겠다고 말씀드렸습니다. "하나님께 드린 헌금이오니 교회가 꼭 필요한 곳에 사용하세요"라고 말씀하는 집사님의 사랑과 간증과 겸손을 읽을 수 있어서 마음이 너무 기뻤습니다.

이렇게 불과 한 달이 되지 않은 시점에서 목표로 한 3,000달러 가운데 하나님께서 벌써 2,500달러가 모이는 축복을 누리게 하셨습니다. 작은 것을 구하여도 큰 것으로 채워 주시는 풍성하신 우리 하나님께 감사를 드렸습니다. 그리고 '선교에 있어서 하나님은 정말 급하시구나'라는 은혜의 메시지가 가슴을 꽉 메우는 체험을 했습니다.

이제 한 주일 뒤면 곧 금년도 부활주일이 됩니다. "하나님, 이번 부활주일에도 온 성도들이 카자흐스탄에 예배당 건물을 구입하여 하나님께 봉헌하는 일에 한마음이 되게 해 주옵소서"라고 기도하면서 부활주일을 기다리고 있었습니다.

그동안 말없이 성실하게 그리고 진실하게 살기를 힘쓰시는 교회의 한 가정에서 전화를 하셨습니다. 여러 가지 힘든 일이 있지만 교회가 힘써서 추진하고 있는 선교지 예배당 건물 구입 봉헌 사역 비전에 동참하기를 원한다고 하는 귀한 말씀이었습니다. 그리고는 부활주일에 선교헌금으로 500달러를 드렸습니다. 얼마나 감격스러운지요! 급하신 하나님께서 꼭 한 달 만에 교회가 목표로 했던 3,000달러를 채워 주시는 큰 축복을 누렸습니다.

'하나님의 마음은 참으로 선교에서 급하시구나.'

주님의교회처럼 작은 크기의 교회 성도들을 통하여 선교지의 복음 전파를 이루어 가시는 하나님께 그저 감사할 것밖에 없었습니다.

부활주일 예배를 은혜 가운데 드렸습니다. 모든 성도들이 부활의 산 소망을 나누는 예배를 드렸습니다.

다음 날인 월요일 오후였습니다. 옛날 함께 신앙의 길을 걸어가면서 교회를 세우라 열심을 다하셨던 NJ의 박 집사님이 다시 전화를 주셨습니다. 그리고는 약속을 해 주셨습니다.

"목사님, 이번 주님의교회에서 카자흐스탄에 예배당 건물을 구입하여 하나님께 봉헌하는 일에 동참하고 싶습니다. 하나님께서 주시는 3,000달러 전액을 오는 5월 말까지 헌금으로 드리겠습니다. 그러니 5월이 지나서 방학을 이용하여 목사님께서 카자흐스탄에 손수 다녀오시기를 바랍니다."

솔직히 고백하지만, 선교지 예배당 건물 구입비 3,000달러만 카자흐스탄에서 사역하시는 김신환 선교사님께 보내 드리기로 하고 시작한 사역이었습니다. 하나님께서 직접 선교지에 갈 수 있는 놀라운 기회를 주시리라고는 전혀 생각하지 않고 있었습니다. 정말 믿음이 부족한 목사였습니다. 너무 큰 금액인지라 정중히 사양했지만 그 집사님의 헌신은 요지부동이었습니다. 전화로 그분을 위하여 기도해 드리고 수화기를 내려놓았습니다. 순간 가슴 속에서 하나님의 열정인 사랑이 솟구치는 것을 느꼈습니다.

"하나님의 뜻에 맞는 일을 할 때에 물질이 부족하지 않게 채워 주시는 하나님이 계심을 기억하십시오"라고 고백했던 중국내지선교회의 창시자 허드슨 테일러의 간증이 은혜로 다가왔습니다. 5월이 빨리 오기를 기다리는 마음으로….

4월 3일(주일)에도 어린 자녀들과 교회의 또 다른 한 가정이 힘든 가운데서 자원하는 마음으로 카자흐스탄 선교를 위한 예배당 건물 구입 헌금을 드렸습니다. 4월 10일(주일)도 교회의 또 다른 한 가정이 바울을 향한 데살로니가 성도들의 마음처럼 하나님께 귀한 예물을 드리는 주일이었습니다. 닐마다 그리고 매 주일 카자흐스탄 선교지 예배당 건물 구입 헌금이 늘어 가는 현상을 보면서 우리 하나님의 풍성한 공급의 은혜를 충만하게 누렸습니다.

특별히 4월 16일 토요일에는 사모(아내)가 일하고 있는 작은 세탁소에서 하나님의 은혜를 체험하기도 했습니다. 손님들 가운데 믿음의 길을 힘차게 걷고 계신 미국 집사님들이 여러 분 계십니다. 만날 때마다 개척 교회인 주님의교회 소식을 묻습니다. 그리고 '함께 기도하겠노라'라는 말로 늘 위로와 격려와 용기를 주시는 분들입니다. 이분들 가운데 한 분이 헤링(Mr. Curt H. Haring & Mrs. Barbara F. Haring) 집사님 부부였습니다.

이날도 이분들은 빼놓지 않고 주님의교회의 안부와 소식을 물었습니다. 그리고 우리 내외에게 격려와 용기를 주었습니다. 다음 순간 저의 작은 입술로부터 지난 두 달 동안에 이루어진 카자흐스탄 선교지 예배당 건물 구입 사역에 관한 간증이 막 쏟아져 나왔습니다. 간증 후 제가 말했습니다.

"선교에 있어서 하나님은 급하십니다. 하나님은 우리 교회 같은 작은 교회를 통해서도 선교를 이루어 가시는 분입니다."

그리고 다가오는 방학 기간을 이용하여 제가 친히 카자흐스탄을 방문할 계획이 있음을 밝혔습니다. "목사님, 축하합니다. 그리고 기도합니다"라는 짧은 말을 남기고 감격스러운 표정으로 가게 문을 나서는 두 분의 발걸음이 정말 가벼움을 볼 수 있었습니다. 두 분의 진솔한 두 마디의 말이 얼마나 위로와 격려가 되었던지요.

두 분이 떠난 뒤, 바쁜 토요일 오후인지라 이야기 나눈 것을 잊고 우리 두 내외는 열심히 일하고 있습니다. 약 30여 분이 지난 뒤였습니다. 익숙한 목소리가 들려 왔습니다. "I am back, Pastor." 방금 가게를 떠났던 두 집사님께서 다시 오신 것입니다. 순간 가슴이 철렁했습니다. 세탁된 옷을 가지고 떠났던 손님들이 다시 오는 경우는 십중팔구 세탁물에 문제가 발생했을 경우임을, 경험을 통하여 익히 알고 있었기 때문이었습니다.

'기껏 확신에 차서 카자흐스탄의 현지인들을 위한 예배당 건물 구입에 관한 간증을 다 털어 놓았는데, 옷이 잘못되어서 다시 온 것이라면 얼마나 하나님의 은혜에 먹칠이 되는 것인가?'

떨리는 가슴을 진정시켜야만 했습니다. 그러다 남자 집사님의 입에서 나오는 말에 나는 깜짝 놀랐습니다.

"안 목사님, 저희 두 부부가 목사님의 카자흐스탄 선교 비전을 듣고 집으로 돌아가다가, 부담감이 가슴을 메워 그냥 갈 수 없어서 다시 돌아왔습니다. 우리도 적은 헌금으로 주님의교회 선교 비전에 동참하기를 원합니다. 허락해 주시겠습니까?"

쓸데없는 염려로 가슴을 메웠던 내 자신이 얼마나 부끄럽던지요. 그러나 다시 한번 하나님의 큰 역사하심을 체험하는 기회가 되었습니다.

"헤링(Haring) 집사님! 헌금을 안 하셔도 괜찮습니다. 이미 우리 교회 성도님들과 NJ에 계신 성도님의 약속만 가지고도 충분합니다. 집사님 두 분의 귀한 마음을 헌금하신 것으로 받아들이겠습니다"라고 대답하는 저를 향해 두 분 집사님이 하신 믿음의 말이 저를 놀라게 했습니다.

"안 목사님, 우리가 하나님께 헌금을 하겠다는데, 왜 목사님께서 막으시려고 하십니까?"

그래서 제가 대답했습니다.

"집사님, 정히 그렇게 카자흐스탄 선교 비전에 동참하시기를 원하신다면 제가 두 분 집사님의 뜻을 받아늘이겠습니다."

양복 안주머니에서 수표책을 꺼내어 금액을 쓰시는 동안 솔직히 이런 생각을 했습니다. '이분들이 200 혹은 300달러 정도 헌금하실 것이다.' 미국 분들은 헌금에 아주 인색하다(?)는 사실을 알기 때문입니다. 수표를 다 써서 저에게 건네주는 순간 저의 눈을 의심할 수밖에 없었습니다. 수표에는 무려 1,000달러의 금액이 적혀 있었던 것입니다.

"집사님, 금액이 너무 많은 것 같습니다. 금액을 줄여 주셔도 됩니다. 혹시 잘못 기입하신 것은 아닌지요?"

"목사님, 절대로 잘못 기입하지 않았습니다. 그리고 지난해에 하나님께서 저의 가정에서 영위하는 사업에 많은 복으로 함께 해주셨습니다. 이 정도는 하나님께 드려도 됩니다. 그리고 우리의 모든 것을 베풀어 주시는 하나님께 드리는 헌금을 왜 목사님이 많다고 하십니까? 하나님은 우리의 모든 것을 다 받으실 수 있는 분이지 않습니까?"

그 순간 얼굴과 마음이 작아지는 나 자신을 발견했습니다. 쥐구멍이라도 있으면 들어갈 수 있을 정도로 작아지는 느낌이었습니다. 믿음이 연약한 저의 모습을 우리 하나님께서 다시 한번 강하게 만들어 주시는 은혜를 누렸습니다. 솔직히 조금은 부끄러움과 창피함을 느끼기도 했습니다.

가장 늦게 담임목사인 저의 가정이 5월 중에 하나님께 선교 예물을 드렸습니다. 항상 '나머지는 제가'라는 마음으로 목회의 길을 가고 있는 자신이었기에 얼마나 감격하면서 예물을 드렸던지요!

5월 마지막 주일이 다가왔습니다. 지난 3월에 약속하신 NJ의 박 집사님께서 3,000달러를 카자흐스탄 선교지 예배당 건물 구입 헌금으로 보내오셨습니다. 하나님의 구원의 은혜와 채워 주시는 은혜를 체험한 성도들이 하나님의 사역에 동참하는 아름다운 마음들 때문에 얼마나 감격하고 감사했던지요!

　이렇게 3월 첫째 주일에 시작된 카자흐스탄 선교지 예배당 건물 구입 및 봉헌 비전은 두 달 만에 갑절로 채움 받는 은혜를 누렸습니다. 그 옛날 욥이 모든 환란 뒤에 하나님께로부터 받았던 갑절의 축복이 얼마나 귀한 축복이었는가를 다시 한번 생각해 볼 수 있었습니다. 신실하신 하나님, 좋으신 하나님, 모든 필요를 채워 주시는 풍성한 하나님이 우리의 '아빠 아버지' 되심이 얼마나 마음을 흥분시켰던지요. 〈모든 것 다 감사해!〉라는 복음성가의 가사가 문자적으로 삶에서 체험되는 귀중한 두 달이었습니다.

하나님의 카이로스는 실수가 없다!

　이제 남은 것은 카자흐스탄을 향하여 가는 비행기 티켓을 구입하는 일과 선교 여행 여정을 위한 계획을 작성하는 일이었습니다. 김신환 선교사님에게 지난 두 달 동안 일어난 하나님의 간섭하시는 모든 은혜와 축복들을 이메일로 알려 드렸습니다. 사실 그동안 수차례에 걸쳐서 김 선교사님이 사역하시는 곳을 방문할 계획을 세워 보았지만 역시 '하나님의 때'를 기다릴 수밖에 없었습니다. 가고 싶어 했지만 갈 수 없었던 카자흐스탄을 단숨에 날아갈 수 있도록 역사해 주신 우리 하나님이 얼마나 자랑스러운지요! 역시 믿음의 길에는 하나님의 정하신 '때', 즉 '카이로스'(καιροσ)를 거역할 수 없는, 그래서 다윗이 시편 8편에서 고백하는 것처럼 하나님만을 의지해야 하는 '에노쉬'(부서지기 쉬운 존재, 깨어지기 쉬운 존재) 같은 존재요, '벤아담'(흙에서 취함 받았기에 흙으로 돌아갈 수밖에 없는 존재) 같은 존재임을 고백하게 됩니다. 더 나아가서 하나님만을 의지하는, 내일과 미래의 주인 되시는 하나님만을 신뢰하리라는 입술의 고백의 은혜를 누렸습니다.

하루에도 열두 번도 더 인터넷에 접속해 봅니다. 가능하면 비행기 티켓을 저렴한 가격에 사기 위함이지요. 소망 속에서 비행기 티켓을 찾아보는 즐거움이 있었습니다. 무엇보다 '찾는 즐거움'이 그려진 누가복음 15장의 기쁨(잃은 양을 찾은 목자, 잃은 은전을 찾은 여인, 탕자를 만나는 아버지의 기쁨)이 무엇인가를 느낄 수 있었습니다. 마침내 가장 저렴한 가격으로 필라델피아(Philadelphia)에서 출발하여 독일의 프랑크푸르트(Frankfurt) 공항을 거쳐서, 카자흐스탄(Kazakhstan)의 알마티(Almaty) 공항으로 가는 비행기 표를 구입했습니다. 비행기 표를 받아 드는 순간 얼마나 가슴이 뛰던지요! 낮았던 혈압이 20~30정도는 더 올라가는 느낌이었습니다. '이제 정말 가는구나. 아니, 가야만 하는구나'라는 생각으로 잠을 설치는 날이 시작되었습니다. 그리고 하나님께 기도하는 시간들이 점점 늘어가기를 시작했습니다.

아직은 개발이 덜 된 나라인지라 사전에 비자를 받아 가지고 입국해야만 했습니다. 워싱턴에 있는 카자흐스탄 대사관에 비자 신청 서류를 보냈습니다. 만약을 대비하여 3개월짜리를 신청했는데 그렇게 받으려면 현지의 초청장이 필요하다고 합니다. 번거로움을 피하기 위하여 1개월짜리를 달라고 했더니 비자 수수료 125달러를 받고 쉽게 방문 비자를 내주었습니다.

여행에 필요한 모든 서류들(여권, 비자, 비행기 티켓, 김신환 선교사님의 주소와 전화번호 등)이 구비되었습니다. 떠나는 날짜만이 남아 있었습니다. 이곳 교회의 일정과 행사 그리고 김신환 선교사님의 계획을 맞추면서 의논한 결과, 출발하는 날짜는 8월 24일이 가장 적합하고 돌아오는 날짜는 9월 2일경이 좋겠다고 의견이 모였습니다. 10일간의 짧은 여행, 그러나 평생 지워지지 않는 긴 감동이 있기를 기도하면서 잠 못 이루는 밤을 기쁨(!)으로 지내기 시작했습니다.

이렇게 해서 카자흐스탄 단기 선교 여행의 모든 경비와 일정이 확정되었습니다. 참으로 긴 시간이었습니다. 그러나 그 시간 내내 실수하지 않도록 그리고 은혜롭게 진행시켜 주시는 하나님의 섬세하신 손길에 감사할 뿐이었습니다.

무엇보다도 우리 주님의교회가 연약한 개척 교회인지라 여러 가지 여건이 힘든 가운데서도 성도들이 한마음으로 하나 되어 카자흐스탄 선교지 예배당 건물 구입 및 봉헌 사역에 동참할 수 있었다는 사실이 얼마나 감격스러운지요! 우리의 작음 속에서 하나님의 크심을, 우리의 연약함 속에서 하나님의 위대하심과 강하심을 보았습니다. 없는 손을 사용하셔서 있는 손들을 부끄럽게 하시는 하나님의 역사를 체험했습니다. 사도 바울의 고백(고후 12장)이 다시 한번 우리의 삶 속에서 문자 그대로 체험되는 귀한 계기가 되었습니다.

이제 출발하는 날짜만을 기다리면서, 카자흐스탄에서의 자세한 일정들이 눈에 보이도록 만들어지고 있었던 8월 초순의 무더운 어느 날이었습니다. 작은 개척 교회 사모의 자리에서 항상 힘든 가운데서도 힘들다 마다하지 않고 묵묵히 남편의 내조를 위하여 냄새나고 먼지나는 손님들의 빨래를 만지는 아내의 가게에 '하얀 봉투' 하나가 배달되었습니다. 아무런 주소도 없이 말입니다. 궁금한 것은 못 참는 성격인지라 얼른 뜯어 보았습니다. 그리 멀지 않은 곳에서 비슷한 업종에 종사하는 어느 여자 집사님께서 보내 주신 '사랑의 선물'이었습니다. "선교지에 가시는 목사님의 사역에 작은 보탬이 되기를 기도합니다"라는 메모와 함께 전해진 작은 봉투 때문에 우리 두 내외는 그리스도의 사랑이 성도들의 마음을 강권하시는 역사를 일구어 가는 것을 친히 목격했습니다. 실제로 이분은 전화로만 저의 아내와 몇 번 통화를 했지, 한 번도 얼굴을 뵌 적이 없는, 그리스도 안에서의 집사님이기에 더욱 감사할 수 있었습니다.

8월 14일 주일에는 참으로 반가운 분들이 교회를 찾아 주셨습니다. 여러 해 동안 뵙지 못한 옛날 '체리힐 중앙침례교회'의 집사님이셨던 다섯 분이 함께 오셨습니다. 한동안 옛날의 이야기들로 꽃을 피우면서 성도의 사랑을 나누었습니다. '보고 싶은 사람들을 볼 수 있다는 것도 귀한 축복이구나. 볼 수 있을 때에 잘해야겠구나'라는 사실을 새롭게 깨달았습니다. 가는 분들의 손을 잡아 주면서 신앙이 더욱 돈독해지기를 원하며 기도했습니다. 그리고 어느 한 분의 집사님 손에서 나의 손으로 옮겨 오는 한 장의 따뜻한 종이(?)를 받아들었습니다.
"목사님, 건강하게 잘 다녀오셔야 해요." 자신의 몸도 건강하지 못하면서, 길 떠나는 목사의 건강을 챙기는 모습에서 진한 성도의 사랑을 다시 느낄 수 있었습니다. '반드시, 하나님의 영광이 밝히 드러나는 선교 여행이 되기를 힘써야 하겠구나'라는 생각으로 마음을 다짐했습니다.

8월 21일 주일에는 연세 70을 훨씬 넘긴 김 집사님께서 NJ에서 자손들과 함께 피곤을 무릅쓰고 예배에 참여하셨습니다. 불과 1년 전에 사랑하는 아내를 먼저 하늘나라에 보내신 이후로는 많이 야위어 가던 연로한 집사님께서 주시는 작은 봉투를 받아 드는 순간 흐르는 눈물을 주체할 수 없었습니다.

"목사님, 적지만 카자흐스탄에서 선교사님들과 점심 식사라도 하시죠." 도움을 드려야 하고 또 사랑을 받으셔도 누구 하나 탓할 사람이 없는, 굵게 연로하신 집사님의 사랑과 믿음이 얼마나 귀하고 아름다운지요!

너무도 많은 분들의 사랑과 헌신을 가슴에 담고 가는 이번 선교 여행이야 말로 하나님의 역사하심이 넘치리라는 믿음의 확신이 생겼습니다.

떠나기 하루 전날에 카자흐스탄에 계신 김신환 선교사님으로부터 이메일을 받았습니다. 여러 가지 내용 가운데 이번 선교 여행에서는 적어도 설교를 여섯 번 이상 해야 한다는 것이 가장 부담스러웠습니다. 한국어로 설교하면 러시아어로 통역해야 하는 설교였기에 더욱 부담스러웠습니다. 더욱이 설교를 통역해야 하는 분 가운데 미리 약속이 되었던 한 분이 갑자기 통역을 할 수 없게 되었다는 소식에 조금은 실망스럽기도 했습니다. 함께 기도하기로 약속했습니다. '여호와 이레의 하나님'을 체험케 하여 달라고 힘을 다하여 기도할 수밖에 없었습니다.

주님의교회 주일 예배를 위하여 주보를 수요일에 만들어 놓았습니다. 사회를 볼 집사님과 기도 인도를 맡을 집사님에게 교회를 부탁했습니다. 물론 설교를 전할 목사님에게도 전화를 드렸습니다. 모든 성도님들에게 교회를 부탁했고, 종의 여정을 위해 기도해 주실 것을 바울의 마음으로 간곡하게 부탁을 드렸습니다. 모든 것이 준비되었습니다. 할렐루야!

하늘의 지혜를 주시옵소서!

드디어 8월 24일 새벽이 왔습니다. 먼동이 트기도 전에 잠자리를 박차고 일어났습니다. 부지런한 교회 집사님께서 벌써 집 밖에 와 계셨습니다. 집사님의 새벽 공기를 가르는 사랑의 드라이브로 필라 공항에 도착했습니다. 짐을 챙기다 보니 아무래도 70파운드가 넘을 것 같아서 작은 가방을 별도로 준비했습니다. 아니나 다를까, 짐을 나누어야만 했습니다. 부랴부랴 가방을 두 개로 만들었습니다. 집사님의 손이 이렇게 빠르게 움직였던 적이 이전에는 없었던 것 같았습니다.

검색대 엑스레이(X-ray) 통과를 기다렸습니다. 조금은 긴장이 되었습니다. 김신환 선교사님께서 부탁하신 참기름 2통과 코크(Caulk) 5개가 마음에 걸렸습니다. 그러나 별문제가 되지 않아 들어가도 좋다고 했습니다. 집사님을 뒤로 하고 탑승구 쪽으로 향하며 마음속에서 무언가 잠시 헤어지는 아쉬움에 대한 '찡' 하는 것이 느껴졌습니다. 역시 헤어짐은 가슴속에 아픔과 서운함과 그 어떤 말로도 표현하기 힘든 무엇인가를 남기는 것 같습니다.

비행장 안에서 예전 같지 않은 을씨년스런 공기를 느낄 수 있었습니다. 2001년 9·11 테러 사건이 터지기 전에는 비교적 자유롭게 환승객들이 탑승장 안까지 들어갈 수 있었는데 지금은 사정이 달랐습니다. 모든 승객들이 상기된 표정으로 탑승 시간을 기다리고 있었습니다. 독일 항공사인 루프트한자(Lufthansa) 항공사의 비행기 티켓을 샀습니다. 필라에서 독일의 프랑크푸르트 공항까지는 미국 비행기로 수송을 하고, 독일에서 카자흐스탄까지는 독일 비행기로 가도록 되어 있었습니다.

7시간 정도의 긴 비행 끝에 독일 시간으로 아침 6시경에 도착했는데, 오전 11시 50분까지 기다려야만 했습니다. 5시간 동안 의사를 소통할 수 있는 언어의 소중함을 다시 한번 절실하게 느꼈습니다. 순간 창세기의 언어와 구음을 다르게 하셨던 '바벨탑' 사건이 주마등처럼 머리를 스쳐 지나갔습니다. 자신이 종사하는 일, 목회 사역에 대한 자동적인 반사반응이었습니다.

비가 부슬부슬 내리는 독일 공항을 뒤로하고, 서쪽에는 비행기의 굉음을 남겨 놓고, 나를 실은 비행기는 최종 목적지인 동쪽 카자흐스탄의 알마티를 향하여 힘차게 날아갔습니다. 몇 시간이 지났을까, 갑자기 비행기의 창문을 통하여 어둠이 보이기 시작하더니 금방 캄캄한 밤이 되었습니다. 독일 공항은 그렇게도 화려하고 밝은 등들이 많이 보였는데, 이곳에서는 거의 등불을 볼 수 없었습니다.

마침내 '처녀 선교 여행자'를 태운 비행기는 25일 밤 10시 15분경에 카자흐스탄의 수도 알마티에 도착했습니다. 시차를 겪으며 밤과 낮의 변화를 섭리하시는 하나님의 능력을 그대로 체험하는 순간이었습니다.

　세관 검사를 마치고 바깥 공기가 가슴을 가득 메우는 신선함과 상쾌함 속에서 공항 대합실에 마중 나와 계신 남덕우 선교사님이 보였습니다. 작은 종이에 적힌 '안문균 목사님'이라는 글씨가 안도의 숨과 반가움을 낳게 했습니다. 장시간의 여행이었지만 공항에서 본 한국 아시아나 항공사의 비행기와 공항 대합실에 설치된 대형 TV 화면 속에서 보이는 LG 전자 제품에 대한 선전, 그리고 한국 사람들의 한국말이 들려 반가웠습니다. 이 모든 것들은 나 자신이 한국인(비록 미국 여권을 소유하고 있음에도 불구하고)이라는 자긍심을 가지게 했습니다.

"약 1시간 뒤에 김 선교사님의 사모님이신 김인옥 선교사님이 헝가리의 부다페스트로부터 이곳에 도착하십니다"라는 남 선교사님의 말씀을 듣고 보니, 시간이 조금 남아 있었습니다. "짐을 숙소에 가져가 놓고 다시 오면 좋겠습니다"라는 나의 제안에 선뜻 기쁨으로 응답하시는 남 선교사님이 얼마나 고마웠던지요. 공항 밖으로 나가서 택시를 잡는데, 미국처럼 금방 택시를 잡지 않고 운전기사와 가격을 흥정하는 모습이 옛날 한국의 70년대의 모습을 떠올리기 충분했습니다.

　택시 안에서 나는 냄새와 칙칙한 분위기가 긴 여행의 여독을 더 무겁게 만들었습니다. 캄캄한 밤중이라 볼 수는 없었지만 택시가 가는 길의 포장 상태가 많이 낡았다는 것을 몸이 좌우로 흔들리는 것으로 알 수 있었습니다. 남 선교사님은 내일 아침에 가족들과 함께 차를 운전하여 알마티에서 김신환 선교사님이 계신 카라간다까지 약 17시간의 긴 여행을 함께할 분입니다. 좋은 만남의 은혜를 주신 하나님께 감사했습니다. 되도록 피곤을 멀리하고픈 마음이 앞섰습니다.

가져온 짐들을 알마티에 있는 침례교신학교에 내려놓고 다시 비행장으로 돌아가려고 신학교를 나섰습니다. 택시를 잡으려고 하는 순간 경찰 복장을 한 두 사람이 다가왔습니다. 신분증을 보여 달라고 하는데, 급하게 공항으로 다시 가려는 마음이 앞섰기에 그만 여권을 소지하지 않고 나간 것이 화근이었습니다. 남 선교사님이 양해를 구하듯이 러시아 말로 경찰들에게 말했지만 그들은 막무가내였습니다. 어쩔 수 없이 시간이 좀 걸리더라도 남 선교사님은 신학교로 다시 가서 내 여권을 가져오기로 하고, 저는 경찰들과 함께 이곳에서 기다리기로 했습니다. 남 선교사님이 돌아가자 이분들이 나를 경찰 순찰 자동차 안으로 들어가서 기다리자는 것이었습니다.

이곳에서는 법보다 항상 말과 행동이 앞선다고 들었기에 순순히 그렇게 했습니다. 이미 시계는 밤 12시를 훨씬 넘겼기에 주변은 사람들의 목소리가 들려올 뿐 얼굴을 알아볼 수 없는 칠흑 같은 어둠이 깔려 있었습니다. 더욱이 자동차 안은 정말로 지저분하고 캄캄했습니다. 순간 '혹시나' 하는 생각이 들었습니다. 아니나 다를까, 경찰 순찰차 뒷좌석에 앉아 있는 나에게 경찰 두 명이 주머니를 보여 달라고 했습니다. 직감적으로 돈을 요구하는 것을 느꼈습니다. 그 순간에 뒷주머니에 있는 지갑이 생각났습니다. 그 지갑에는 거금(?)의 미국 달러가 담겨 있었습니다. 돈을 다 보여 주면 반드시 이들이 무슨 꼬투리를 잡아서라도 몽땅 빼앗아 갈 것 같은 생각에 갑자기 두려워지기 시작했습니다. '아차, 위험한 순간이구나'라는 생각하고 얼른 하나님께 기도했습니다.

"하나님, 선교 여행지에서 처음 겪는 일입니다. 지혜를 주옵소서. 그리고 시작도 하기 전에 좌절되지 않도록 저를 지켜 주옵소서. 예수님의 이름으로 기도합니다. 아멘"

그 순간 하나님께서 마음에 확신을 주시면서 이런 지혜를 주셨습니다. '최대한 시간을 끌어라.' 그런데 이렇게 확신에 찬 기도를 했으면서도 마음 한구석으로 '남 선교사님이 왜 이렇게 늦게 오시는 거야?'라는 두려움이 섞인 불평이 나왔습니다.

경찰관들이 원하는 대로 차례차례 주머니를 보여 주기 시작했습니다. 먼저 바지의 오른쪽 주머니의 것들을 다 꺼냈습니다. 미국 동전 몇 개와 껌이 전부였습니다. 처음 보는 껌이 무어냐고 묻는 것 같았습니다. 최대한 시간을 벌어야겠다는 생각에 껌을 꺼내서 내 입에 하나를 넣으면서 그들에게도 주었습니다. 그런데 그들은 껌을 씹지 않는 것이었습니다. 아마도 처음 보는 껌이기에 두려웠던 것 같았습니다.

이렇게 시간이 흘러가는 동안 말이 서로 통하지 않으니 얼마나 갑갑했는지 모릅니다. 그들은 영어를 전혀 못하고 저는 러시아어를 한마디도 못하지요. 다음에 선교 여행을 할 때는 현지의 언어를 약간이라도 반드시 배워야겠구나 하는 기분 좋은 생각(?)을 하는 동안, 바지 왼쪽의 주머니도 다 털어서 보여 주었습니다. 그들이 원하는 돈은 없었습니다. 이것으로 끝나는가 싶었습니다. 그러나 뒷주머니도 보여 달라고 했습니다. 속으로 '남 선교사님이 지금쯤 오시면 참 좋을 텐데…' 하며 우선 오른쪽 뒷주머니를 보여 주었습니다. 손수건밖에 없었습니다. 실망하는 눈빛이었습니다. 다시 왼쪽 뒷주머니를 보여 달라고 합니다. '과연 어떻게 이 위기를 모면할 수 있을까?' 싶었습니다.

왼쪽 뒷주머니에는 평소 아끼는 지갑이 있었습니다. 그리고 미화도 약간 들어 있었습니다. 남 선교사님은 아직도 오시지 않고… 재촉하는 경찰들의 성화에 못 이겨 마침내 뒷주머니에 있는 지갑을 꺼냈습니다. 그러고는 지갑을 슬쩍 거꾸로 들었습니다. 되도록 지갑속에 있는 돈이 보이지 않게 하려고 거꾸로 든 지갑을 살짝살짝 그리고 천천히 열면서 지갑 속의 내용물들을 보여 주기 시작했습니다. 사랑하는 자녀들과 아내의 사진들을 먼저 보여 주었습니다. 무어라고 자기네들끼리 이야기를 주고받더니 사진들을 돌려주었습니다. 다음에는 가지고 간 신용카드(Credit Card)를 보여 주었습니다. 그리고 또 건강보험증(Health Insurance Card)도 보여 주었습니다. 역시 현금 외에는 관심이 없다는 표정이었습니다. 왼손으로 돈이 들어 있는 부분을 가리고 더 이상 보여 줄 것이 없다는 표정을 지었습니다. 실망하는 눈치가 여전했습니다.

바로 그 순간에 남덕우 선교사님께서 여권을 가지고 오셨습니다. 상황은 끝났습니다. 감사하게도 모든 두려움이 사라졌고, 물질적인 손해도 보지 않았습니다. 이렇게 도착하던 첫날밤의 카자흐스탄 선교는 하나님의 '특별하신' 보호하심의 손길 안에서 시작되었습니다.

한밤중이었지만 헝가리에서 오시는 김 선교사님 사모님을 반갑게 맞이하고, 침례교신학교 기숙사에서 눈을 붙였나 싶더니, 아침 햇살이 잠을 깨우는 것이었습니다. 집을 떠난 지 벌써 이틀이 지나고 있었습니다.

알마티에서 카라간다까지

2005년 8월 26일 금요일

가야 할 길이 너무 멀기에 서두르는 남 선교사님 가족과 김 선교사님 사모님 그리고 나는 피곤함을 뒤로하고 장거리 여정을 떠나야만 했습니다. 아침 식사는 간단하게 주스와 과일로 대체했습니다. 약 600마일 이상 되는 먼 거리를 운전으로 가야 했습니다.

가는 길이 왜 그리도 험악한지요? 있는 것이라고는 오직 바람과 광야의 삭막함뿐이었습니다. 한국이나 미국의 동부에서는 좀처럼 볼 수 없는 환경에 눈을 떼지 못하고 열심히 달렸습니다. 약 2시간 동안을 운전했는데, 그만 길을 잘못 들었습니다. 갔던 길을 되돌려 돌아서 바른길로 들어서야 했습니다. 길을 묻는 우리에게 어느 누구도 친절하게 바르게 길을 안내해 주지 않았습니다. 또 대답하는 사람들마다 방향이 다 달랐습니다. 참으로 황당한 일이었습니다. 김인옥 선교사님이 이런 현상을 설명해 주셨습니다.

"이곳에서는 한 사람에게만 길을 물어서는 안 됩니다. 그리고 길을 묻는 사람들을 일부러 골탕 먹이려는 나쁜 사람들이 간혹 있기 때문에 조심해야 합니다."

웃지 못할 카자흐스탄 사람들이라는 생각이 들었습니다. 이런 곳에서 선교 사역을 감당하는 분들의 믿음과 용기와 담대함에 찬사를 보냅니다. 가는 도중에 야생 낙타도 우리를 반겼고, 가도 가도 끝이 없는 넓은 광야 한가운데 바다의 짠물과 호수의 민물이 함께 섞여 있는 카자흐스탄 최대의 호수도 보았습니다. 비취 빗깔이 얼마나 아름답던지요. 이 호수에서 잡히는 민물과 바닷물이 혼합된 커다란 고기를 훈제하여 파는 상인들의 모습도 길옆에 보였습니다. 한 개 정도 사서 먹고 싶기는 한데 위생 처리가 걱정이 되어서 포기했습니다.

가는 중간에 자동차에 기름을 넣어야 하는데 마땅한 주유소가 없었습니다. 한두 군데 있기는 한데 이는 마치 60년대 한국의 석유를 팔던 가게의 모습을 연상케 할 정도로 낙후된 주유소들이었습니다. 잠시 휴식하는 곳에서 러시아의 아이스크림을 사 먹는 기쁨을 누리고, 점심시간이 되어 미리 준비해 간 '주먹밥'(김과 깨소금으로 뭉쳐 놓은 쌀밥) 한 덩어리를 먹으면서, 가난했던 60~70년대의 한국 생각에 잠겨 보기도 했습니다. 무엇보다도 점심을 먹기 위하여 잠시 머물렀던 곳은 광야의 한복판에 위치한 '천막촌'인데 파리와 먼지바람이 얼마나 세력이 큰지 밥을 먹는 것이 힘들고 비위에 맞지 않았습니다. 그럼에도 두 분의 선교사님과 가족들이 감사함으로 먹는 모습에 저도 어쩔 수 없이(?) 입에 넣을 수밖에 없었습니다.

한참을 달리는 차에 갑자기 빗방울이 떨어지기 시작했습니다. "광야의 일기 예보는 제멋대로입니다"라는 소리가 들렸습니다. 해는 어느덧 서쪽의 광야와 어우러지기 시작했습니다. 넓은 지평선만 보이는 광야 위로 하늘에 둘러친 둥그런 무지개와 저녁노을은 카라간다에 거의 도착했다는 신호로 우리를 환영해 주었습니다.

김신환 선교사님에게 전화를 걸어 곧 도착할 것이라고 연락했습니다. 먼 길 오는 귀한 손님을 위하여 김 선교사님이 손수 마련한 된장찌개가 끓고 있다는 말에 피곤함이 사라지고 만남의 기쁨을 누릴 순간을 떠올렸습니다. 먼 길이지만 출발하고 나니 반드시 도착하는 시간이 있다는 사실 앞에서, 믿음의 여정이 반드시 끝이 있음을 소망하는 것이 얼마나 기쁨이 되었던지요! 알파와 오메가 되시는 하나님께서 반드시 우리의 신앙생활의 알파와 오메가를 맞이하도록 섭리하실 것입니다. '이날'(Today)은 오직 '그날'(The Day)을 향하고 있다는 면에서 의미를 부여할 수 있었습니다.

새벽에 출발하여 밤 12시가 넘어서야 카라간다에 도착했습니다. 피곤함이 엄습하지만 김신환 선교사님을 카자흐스탄에서 만나 함께 선교의 비전을 이야기할 수 있다는 생각에 잠을 설쳤습니다. 안방을 내어 주시고 두 분은 이웃의 빈 아파트에 가서 주무셨습니다. 그 따뜻한 배려의 마음을 간직하며 미국의 가족들에게 안부 전화를 했습니다. 집에서 출발하여 처음으로 며칠 만에 들어 보는 아내의 목소리에 보고픔이 격동되는 것을 느꼈습니다. 아내에 대한 고마움과 아빠를 보고 싶어 하는 자녀들의 마음이 피곤함을 풀어 주었습니다. 몸은 카자흐스탄에 있었지만 마음은 아내와 자녀들 그리고 주님의교회와 성도들을 향하고 있었습니다. 내일을 기약하며 잠으로 피곤함을 풀어 주시는 하나님의 사랑의 손길을 누렸습니다.

선교지에서의 첫 번째 예배

2005년 8월 27일 토요일

시차 적응이 되지 않아서인지 뒤척거리는 피곤함도 시간에는 약했습니다. 아침을 알리는 시계 소리에 눈을 떴습니다. 벌써 김 선교사님 내외분께서 와서 아침을 준비하고 계셨습니다. 손님이 음식에 별로 까다롭지 않다 해도 역시 손님을 맞이하는 것은 쉽지 않은 일이지요. 오늘 해야 할 계획들을 함께 나누면서 간단한 빵과 과일과 커피로 식사를 마쳤습니다.

문에 달린 벨이 요란하게 소리를 냈습니다. 제가 하는 설교를 통역하기로 약속한 여자 성도님이 오시는 소리였습니다. 그분의 이름은 '김 올가 쯔로미모브나'였습니다. 처음 하는 통역 설교인지라 우리 모두는 긴장되어 있었습니다.

오늘은 카라간다 제2침례교회(벧엘침례교회)에서 예배를 드리도록 약속이 되어 있었습니다. 전체 성도는 약 200여 명 정도가 되는데, 오늘은 토요일인지라 그것도 아침 10시인지라 약 70여 명의 성도들이

차가운 비바람을 무릅쓰고 예배에 참여했습니다. 처음 온 선교지에서 처음으로 드리는 예배였기에 감사와 감격이 뒤섞이는 기쁨을 누렸습니다.

담임목사는 슬라브계 러시아 사람으로서 '빅토르 자이쩨브'라는 분이었습니다. 인자로 관을 씌우신 분 같았고, 직접 피아노를 치면서 찬양을 인도하는 모습이 인상적이었습니다. 대략 2시간 30분 동안 예배를 드렸는데, 결혼한 여자 성도님들은 머리에 무엇이든지 써야 하고, 기도 시간에는 절대로 앉아서 기도하지 않고 모두가 일어서거나 무릎을 꿇고 기도를 드리는 모습이 인상적이었습니다.

말씀을 선포하는 시간은 모두 세 번이 있었는데, 저는 마지막으로 설교를 했습니다. 사도행전 23장 11절을 본문으로 하여 "그날 밤에"라는 제목으로 은혜를 나누었습니다. 모두들 말씀을 사모하는 진지한 모습이 얼마나 감동스럽게 다가오던지요. 세 번의 설교와 예배 시간이 2시간 이상임에도 불구하고 흐트러짐 없이 드리는 예배는 모습에 감사와 진실함이 어우러진, 정말 미국에서는 느껴 볼 수 없는 그런 감동적인 예배였습니다.

예배를 마친 뒤에 남루한 옷차림의 남자 성도 한 분이 솥뚜껑만 한 손을 내밀면서 "먼 미국에서 오셔서 귀한 말씀으로 은혜를 끼쳐주셔서, 삶에 용기가 납니다!"라고 받은 은혜와 감사를 나눌 때는 좋으신 우리 하나님을 다시 한번 기억할 수 있었습니다.

그런데 참으로 이상하게도, 예배 시간 내내 이분들이 웃지를 않았습니다. 얼굴이 상당히 어둡고 무거운 편이었으며, 예배의 감격이라든지 감사라든지… 미국에서 예배를 드리며 느낄 수 있는 그런 것들이 전혀 느껴지지 않았습니다. 예배를 마치고 집으로 돌아오는 차 안에서 넌지시 그 이유를 물었습니다.

"이 나라 사람들은 공산주의 치하에서도 신앙을 순교자적인 자세로 지켜 온 조상들에 대한 예우를 갖추는 태도로, 절대로 예배 시간에 웃거나 박수를 치거나 미국에서처럼 시끌벅적하게(?) 예배를 드리지 않습니다."

선교사님의 답변을 들으니 그 모습이 조금은 이해가 되었습니다. 또 다른 이유들도 있다고 합니다. 얼굴에서 웃음이 사라진 이유는 오랜 세월 동안 공산주의 치하에 있었기 때문에 서로가 서로를 감시하는(5호 담당제도) 일에 익숙해졌으며, 더욱이 중앙정부가 일반 백성들을 통제하기 위하여 난방용 가스와 뜨거운 물을 통합 관리했기 때문이며, 또 거주지를 통제하기 위하여 지어준 아파트(집) 때문이라고 합니다. 그래서인지 온 도시가 아주 무겁게 느껴지고, 사람들의 눈초리는 차갑고, 무엇인가 두려움 같은 것이 사람들을 휩싸고 있는 것 같은 느낌을 받았습니다. 신앙의 자유가 주어진 이후로 나날이 밝아지고 있다고 합니다.

그 순간, 우리가 살고 있는 미국이라는 나라가 얼마나 감사하게 다가오던지요. 역시 자기가 처해 있는 곳에 대한 감사는 그곳을 이탈할 때 비로소 깨닫는 것 같습니다. 떠나본 자만이 떠난 곳에 대한 감사를 느낄 수 있듯이, 있었던 것이 없어질 때 비로소 있었던 것에 대한 귀중함을 느낄 수 있습니다. 인간의 어리석음의 한 부분이지요. '있을 때 잘해야지!'(생명이 붙어 있을 때, 손이 쥔 것이 있을 때, 건강이 주어졌을 때, 이웃과 가족이 있는 동안에…)라는 결심이 솟구치는 감사를 체험했습니다.

첫 번째 선교 여행지에서 처음으로 통역을 대동하고 말씀을 증거하느라 모습이 긴장했던 것 같습니다. 예배가 끝나기가 무섭게 사랑하는 가족들이 있는 미국의 집으로 돌아가고 싶은 생각이 들 정도였으니까요. 무려 2시간 30분 정도의 예배를 마치고, 카라간다의 시내를 방문할 기회가 있었습니다. 많은 사람들이 시간의 굴레 속에서 무엇인가 쫓기는 듯이 발걸음을 옮기는 모습이 한국의 성장기 70~80년대의 거리를 연상케 했습니다. 벽에 걸린 '시간'에 이끌리는 삶보다는, 마음속의 '나침반'에 이끌리는 삶을 사는 것이 더 보람된 삶이라고 가르쳤던 스티븐 코비 박사의 말이 생각났습니다.

8월 31일 카라간다에서 알마티로 돌아갈 기차표(야간 침대 열차)를 사고 약간의 카자흐스탄 음식을 장만하고 김 선교사님의 아파트로 돌아왔습니다.

어느 곳에서나 토요일은 즐거운 것 같습니다. 김 선교사님의 아파트 창문으로 내려다보이는 꽤 넓은 광장에서 젊은 남녀들의 데이트하는 모습이 보였습니다. 이 광장에는 볼셰비키 혁명의 주인공이었던 레닌의 동상과 1,500만의 지성인을 학살했던 스탈린의 동상이 세워져 있었는데, 1991년도에 소비에트 연방이 붕괴되면서 스탈린의 동상이 철거되고, 지금은 레닌의 동상만이 외롭게 광장을 지키고 있었습니다. 아직도 레닌에 대한 향수가 살아 숨 쉬는 것을 느낄 수 있었습니다.

다음 날 주일예배의 계획들을 점검하고(세 곳의 교회를 방문할 예정이며, 세 번의 설교를 해야 함) 그동안의 회포를 나누는 동안 벌써 시계는 잠자리에 들라는 듯이 '땡, 땡…' 셀 수 없을 정도로 울리기 시작했습니다.

"오늘은 D-Day입니다!"

2005년 8월 28일 주일

    주일(8월 28일) 오전 5시 30분, 새벽기도를 위해 눈을 뜨게 해주신 하나님께 감사로 찬양하면서 하루가 시작되었습니다.
    "안 목사님, 오늘은 D-Day입니다!"
    아파트에 들어오신 김 선교사님의 외침이 지금도 귀에 선명하게 들려옵니다. 오늘은 세 곳의 예배 처소를 방문하여, 모두 세 번의 통역 설교를 해야 하는 날입니다. 특별히 오늘은 주님의교회가 예배당 건물을 구입하여 하나님께 봉헌하며, 카자흐스탄 현지 성도들에게 기증하는 날이기도 합니다. 흥분과 감격이 교차되는 날이 될 것입니다. 방문하여 말씀을 나누고 예배를 드릴 교회 세 곳은 사란 침례교회와 크리스나야 뽈랴냐 교회 그리고 다리야 교회였습니다.

사란 침례교회에서

오전 10시에 예배를 드리는 '사란 침례교회'를 먼저 방문했습니다. 카자흐스탄에서 가장 큰 교회라고 합니다. 담임목사님은 독일계 카작 사람으로서 '프란츠 티센' 목사였습니다. 성도들은 400여 명으로, 예배 시간은 2시간 정도였습니다. 세 차례의 설교가 있었으며, 자녀들이 2시간 동안 움직이지 않고 부모님들과 함께 예배를 드리는 모습이 참으로 인상 깊었습니다.

예배 순서 중에 찬양대의 찬양 세 번과 어린 자녀들의 시 낭송 그리고 특별 찬양도 은혜로운 순서들이었고, 모든 예배를 사회하는 분들이 안수집사님들이었음에 더욱 놀랐습니다. 이곳에서는 안수집사님들이 사회도 보시고 때로는 설교도 하신다고 합니다. 침례교회의 특징이 그대로 살아 있는 모습이지요. 찬양하는 성도들의 모습 속에서는 예배의 경건함과 신실함이 배어나는 것 같았습니다. 순교자를 선조로 둔 사람들의 예배인지라 숙연하기까지 했습니다.

이곳에서도 "그날 밤에"(행 23:11)라는 제목으로 함께 하나님의 위로의 은혜를 나누었습니다. 아무리 힘들고 어려운 믿음의 길일지라도 주님은 함께해 주시는 분임을 힘주어 역설했습니다. 이것이 우리의 믿음 생활의 원동력이 되게 할 때에 독수리의 날개 침같이 하늘을 향해 비상할 수 있는 은혜를 누리게 될 수 있다고 전했습니다. 우리의 구원주요 창조주되시는 예수님께서 우리와 함께하심이 얼마나 놀랍고 감사한 일인가를 말씀을 통하여 확신할 수 있도록 격려했습니다.

예배 후에 이름 모르는 여자 성도님이 눈이 퉁퉁 부어서 찾아 왔습니다. 그리고는 지금 자신이 사도 바울처럼 '인생의 아주 어두운 밤'을 통과하고 있다고 말합니다. 묻지는 않았지만 '그 어두운 것이 과연 무엇이었을까'라는 의문이 지금까지도 남아 있습니다. 함께 기도해 줄 것을 부탁했습니다. 통역하는 분과 함께 그 자매님을 위하여 손을 얹고 간절하게 기도할 때 어깨를 들썩거리며 눈물을 참으려고 하던 모습이 지금까지도 느껴집니다. 그분이 어두운 밤에 자신의 곁에 서 계신 예수 그리스도를 보았을 것이라는 확신이 들었습니다.

예배를 마치고 햇볕 가득한 교회의 앞마당에 꽃밭을 배경으로 함께 사진을 찍었습니다. 침례를 받는 침례탕이 앞마당에 아주 예쁜 타일로 장식되어 있는 것이 특이했습니다. 자신의 구원의 외적인 표시요, 공개적인 신앙고백의 표시로 받는 침례를 온 교회 성도들이 지켜보는 가운데 교회 앞마당에서 거행한다는 것은 참으로 감격스러운 장면일 것 같았습니다. '후일에 우리 주님의교회가 자체 예배당을 짓는다면, 교회 앞마당에 침례탕을 만들어도 괜찮겠구나'라는 생각에 입가에는 기쁨의 웃음이 피어올랐습니다.

다음 교회로 이동을 해야 하기 때문에 점심은 근처의 가까운 노천 간이식당에서 '돼지고기 꼬치'로 대신하는 기쁨(?)을 맛보았습니다. 다음 방문지 교회인 '크리스나야 뽈라냐 교회'를 향한 자동차 소리가 왜 그렇게도 기쁘게 들려오던지요!

크리스나야 뽈라냐 교회에서

'크리스나야 뽈라냐 교회'를 향한 우리의 자동차는 벌거벗은 도로

위를 질주하였습니다. 미국에 있는 자동차들이 도저히 갈 수 없는 그런 길을 어찌나 잘도 달리던지요! 물론 운전하시는 목사님의 곡예술(?) 역시 대단하셨습니다. "이곳에서는 살을 빼기 위하여 별도로 운동할 필요가 없이 하루에 한두 시간씩 시골길을 운전하면서 심방을 다니면 되겠습니다"라는 저의 말에 자동차에 타고 있었던 모든 사람들이 파안대소하는 가운데, 차는 벌써 '크리스나야 뽈라냐 교회'가 위치한 마을에 들어서기 시작했습니다.

가장 먼저 우리를 반기는 것은 동네의 개들이었습니다. 외부 사람이 왔다고 짖어대는 소리에 교회 성도들이 반기면서 나왔습니다. 이 교회는 젊은 총각 안수집사인 '발렌틴 스푸룬'이라는 분이 담임하고 있었습니다. 이분을 보면서 우리 주님의교회에도 불원간에 안수집사님을 세워야겠다는 간구의 기도를 하나님께 드렸습니다.

약속된 시간보다 우리가 늦게 도착하는 관계로 이미 예배는 시작되었습니다. 그러나 설교 시간은 남겨 놓고 기다리는, 말씀을 사모하는 이분들의 믿음을 볼 수 있었습니다. 전체 성도들의 숫자라야 10명 정도에 불과하고, 어린 자녀들이 5~6명 정도가 다였습니다. 적지만 올바른 믿음의 사람들임을 느낄 수 있었습니다. 아주 먼 곳에서 손님들이 왔다고 2명의 남자아이들이 반주도 없이 반가운 노래로 우리를 맞아 줄 때는 마음에 '찡'하는 감동을 느꼈습니다.

예배를 마친 뒤에 그 자리에서 곧바로 성도의 친교 시간을 가졌습니다. 얼마나 손들이 빠른지, 금방 예배당이 교제를 위한 애찬의 상으로 변했습니다. 진수성찬과 사랑이 담긴 귀한 음식들을 준비해 주었습니다. 토종 감자 찐 것, 감자를 으깨서 만든 음식, 교회 뒤편에서 자란 토마토와 오이, 무공해 포도 주스, 밀가루를 구워서 만든 만두(한국의 김치만두와 흡사한데 주먹 크기 정도)가 전부였습니다. 가장 귀한 손님들을 접대하는 만찬이라고 하는 말에 얼굴이 붉어지는 부끄러움이 있었습니다.

한 시간 정도 함께 교제하면서 이 교회의 집사님으로 봉직하시는 한 분의 간증을 들을 수 있었습니다. 이분의 이름은 '아만길디'였고 기골이 장대했습니다. 과거 공산주의 시절에는 작은 시골 마을의 시장을 지냈다고 합니다. 그러나 매년 한 번씩 여러 마을을 돌면서 전도하는 순회 전도자(처음 2년 동안 이분을 많이 핍박했다고 함)의 집요한 전도를 받고, 귀한 시장직을 다 사표 내고 지금은 이 교회의 집사로서 봉직하고 있다는 구원의 확신으로 가득 찬 간증은, 참석한 모든 분들의 믿음을 더욱 견고케 하기에 충분했습니다. 예수 그리스도를 아는 지식이 가장 고상함을 인하여 그동안 지녔던 모든 것들을 배설물로 여겼다고 간증했던 사도 바울의 간증이 생각났습니다.

마침내 다리야 교회에서

떨어지지 않는 발걸음을 뒤로하고 사랑하는 성도들과 예배당 앞에서 사진을 찍고 다음 목적지인 '다리야 교회'를 향하는 시간은 오후 3시였습니다. 역시 자동차는 시소를 타는 것 이상으로 흔들려 좌충우돌하면서 약 1시간 30여 분을 달렸습니다. 가도 가도 끝이 없는 대평원의 모습 속에서 하나님의 창조의 섭리를 느끼면서….

주님의교회 성도들의 사랑과 믿음이 담긴 예배당 건물 구입 헌금을 가지고 달려가는 담임목사의 발걸음은 마치 천국을 걷는 걸음과 같았습니다. 다리야 교회 성도들을 위하여 예배당 건물을 구입하여 하나님께 봉헌하면 그 교회는 이 마을의 유일한 예배당 건물이 되며, 동시에 마을 전체를 위한 복음의 전초기지가 될 수 있다는 부푼 꿈이 있었기에 더욱 기뻤습니다.

오늘의 마지막 방문 교회인 '다리야 교회'는 주님의교회에서 예배당 건물을 구입해 주기로 되어 있는 교회였습니다. 이 마을의 전체 인구는 약 3,500명 정도라고 합니다. 젊은이들은 자본주의 경제의 유혹에 못 이겨 농촌을 떠나 거의 도회지로 나갔고, 남아 있는 사람 대부분 아녀자들과 어린 남자아이들 그리고 연로하신 분들이었습니다. 마치 한국의 오늘의 농촌의 모습을 보는 것 같았습니다.

더욱이 교회라고는 오로지 한 가정에서 모여 예배를 드리는 것이 전부라고 합니다. 바로 이런 모습이 곧 전도의 무한한 가능성이 있는 지역이라는 의미가 되기도 합니다. 마을 전체를 복음화시킬 수 있는 전초기지로 '다리야 교회'를 세우신 하나님의 섭리를 깨달으면서, 바로 이를 위하여 우리 주님의교회가 예배당 건물을 헌물하게 된 것은 하나님의 위대하신 역사임을 다시 한번 실감할 수 있었습니다. 하나님의 섭리와 예언의 성취의 도구로 쓰임 받을 수 있는 주님의교회를 감사하게 생각하면서 눈시울이 붉어지는 감격을 누렸습니다.

농촌의 특이한 분뇨 냄새에도 불구하고 약 20여 명의 성도들이 먼 곳에서 손님이 왔다는 소리에 삼삼오오 모여드는 모습이 얼마나 아름답던지요? 아주 비좁은 방에서 예배를 드리고 난 뒤에 우리 교회가 구입하기로 되어 있는 건물과 땅을 보기 위하여 김 선교사님과 집사님 몇 분과 함께 약 5분 정도 마을 안으로 들어갔습니다. 아직 사람들이 살고 있는 집인데 앞에 있는 뜰과 뒤편에 있는 넓은 밭이 마음에 들었습니다. 이곳저곳을 둘러보면서 주님의교회 성도들의 얼굴과 그동안 사랑의 손길을 주셨던 이웃 성도들의 얼굴들을 떠올렸습니다. 이곳에 예배당 건물을 구입하기 위하여 모든 사람들이 한마음과 한뜻이 되어 귀한 예물들을 하나님께 드렸던 일들을 기억하면서 감사하는 마음이 솟구침을 느꼈습니다. 미화로 약 3,000달러 정도면 건물을 구입하고 그 뒤에 필요한 수리비까지 될 수 있다는 발렌틴 수프룬 안수집사님의 설명에 "아멘"으로 화답하고 즉시로 그들에게 이 건물을 예배당으로 개조할 수 있도록 구입 결정을 내렸습니다. 구입 헌금은 카자흐스탄 침례교 총회장에게 전달하기로 하고 그곳을 떠났습니다. 내년 이맘때쯤에는 이곳에 '다리야 교회'라는 아름다운 예배당 건물이 있을 것을 소망으로 내다보면서….

가슴 뿌듯한 기쁨이 멀리 미국에 있는 성도들에게도 넘칠 것을 생각하는 동안, 해는 벌써 서쪽 평원으로 넘어갔고, 자동차는 김 선교사님의 아파트를 향하여 출발 신호를 알리고 있었습니다. 역시 별도의 다이어트가 필요 없는 시골길을 달리면서, 떨어지지 않는 발걸음을 싣고 가는 자동차 안에서, 연신 뒤를 돌아보는 저의 모습에 함께 하신 모든 분들과 김 선교사님의 눈시울이 벌겋게 달아오르는 것을 보았습니다. 감격의 순간이었습니다. '선교는 참으로 아름다운 것이구나. 보내는 선교사, 가는 선교사, 받아들이는 선교사, 모두를 기쁘게 하는 것이 선교로구나'라는 생각이 떠나질 않았습니다.

오늘은 참으로 복된 하루였습니다. 모두들 파김치가 된듯 피곤하였지만 그 속에서 세 번의 예배와 설교 그리고 다리야 교회를 향하신 하나님의 뜻을 이루어 드리는 섭리에 우리 주님의교회와 성도들이 있었다는 사실이 얼마나 감격스럽던지요. 밤늦게까지 주의 은혜로 이루신 사역들을 나누는 김 선교사님과 남 선교사님 가족들의 진지한 모습에서 선교의 또 다른 귀중한 모습들을 보았습니다. 눈물을 흘리며 씨를 뿌리는 자가 기쁨으로 단을 가지고 돌아온다는 시편의 말씀을 가슴에 담을 수 있었습니다.

선교의 영이 함께하는 곳

2005년 8월 29일 월요일

카자흐스탄 최대 교단 가운데 하나인 침례교 총회 사무실을 방문했습니다. 총회장으로 사역하시는 '푸란츠 티센' 목사님은 출타 중이라 다음 날 다시 찾아뵙기로 하고, 대신에 독일에서 자비량 선교를 위해 이곳에 온 청년들과 대화할 수 있어서 정말 기뻤습니다. 먼 타국에서 오로지 믿음으로 선교사의 삶을 훈련하고 있는 젊은이들의 열정 속에서 일하시는 '선교의 영'이신 성령님을 볼 수 있었습니다. 이들이 하는 사역도 각양각색이었습니다. 공공 건물의 수위로, 학교의 교사로, 야간 통행자들을 위한 검문소 근무자로, 빵 공장의 공원으로, 주일학교 교사로, 노방 전도자로, 거리의 청소부로… 젊은 시절이라는 가장 귀중한 시간을 하나님께 드릴 수 있는 믿음의 청년들을 위하여 기도하는 기쁨을 누렸습니다.

오후에는 인근에 위치한 '희망의 집'(에르페 이)이라 이름 지어진 탁아소와 고아원을 둘러보았습니다. 가는 길에는 불과 10여 년 전만 해도 화려했을 고층 아파트들이 이제는 줄기만 앙상한 겨울나무들처럼 생동감과 사람의 온기를 잃어버린 폐허의 모습으로 남아 있었습니다. 러시아의 공산당들이 철수하면서 이 마을은 완전히 폐허가 되었고, 그로 인해 약 40~50여 명의 어린 자녀들이 '알렉산드로 세도프'라는 분이 운영하고 있는 탁아소에 맡겨지게 된 것이라고 합니다.

마침 탁아소는 점심시간인지라 모두 모일 수 있었습니다. 벽마다 노아 홍수의 거대한 방주의 그림이 그려져 있었습니다. 자라나는 어린 자녀들로부터 미래의 소망을 바라볼 수 있어서 기뻤습니다. 이곳의 어린아이들에게 요한복음 3장 16절의 말씀을 가지고 하나님의 사랑으로 위로하고 격려하며 소망을 가지라고 설교하는 저의 눈에는 어느새 눈물이 흐르고 있었습니다. 탁아소를 떠나올 때는 어린 자녀들이 저 통치 앞에서 이리 피고 저리 뛰는 모습이 지금도 눈에 선하게 영상으로 다가옵니다.

"하나님, 부디 저들의 삶 가운데 거하셔서, 힘들고 어려운 고난의 때를 '왜'(Why)라고 묻지 말고, 하나님 앞에서 '어떻게'(How)라고 묻고 사는 믿음의 지혜를 내려 주소서…"라고 기도하기를 쉬지 않으리라 결심하면서 눈물을 훔치며 감추어야만 했습니다.

아주 특이한 점은 이곳 탁아소의 어린이들을 위하여 침례교 총회에서 '빵 공장'을 운영하고 있다는 것이었습니다. 독일식 레시피로 만들어지기에 맛이 여간이 아니었습니다. 미국 돈으로 약 25센트 정도면 되는 이 빵이야말로 여기 아이들에게는 '광야의 만나'와 같았습니다. 몇 개를 사서 가지고 돌아오면서 미국의 우리 교회의 자녀들을 위하여 인증 사진을 찍어 가지고 가리라 생각히면서 떨어지지 않은 발길을 옮겨야만 했습니다.

떠남과 다시 올 기약을 하면서

2005년 8월 30일 화요일

    오늘은 카자흐스탄에서의 마지막 날입니다. 내일이면 밤 9시 30분 기차로 국제공항이 위치한 알마티로 돌아가는 날이기도 합니다. 약 11시간의 장거리 야간열차를 타야 하기 때문에 휴식이 필요하다는 김 선교사님의 충고가 이해되었습니다. 앞서간 선배들이 닦아 놓은 길을 가는 후배들의 기쁨은 바로 여기서부터 오는 것이라 생각됩니다. 미국으로 돌아갈 시간이 다가오면서 '좀 더 일정을 길게 잡을 것을…' 하는 아쉬움이 마음에 길게 드리워졌습니다.

    오전에 약간의 시간을 내서 인근의 최신식 백화점을 방문했습니다. 최근에 지어진 건물이라서 그런지 분위기는 미국이나 한국의 최신 백화점과 흡사했습니다.
    한곳을 방문하자 많은 젊은이들이 웅성거리고 있었습니다. 휴대폰(Cellular Phone)을 사기 위하여 장사진을 치고 있었던 것입니다. 전화의 세계화 물결이 이곳에까지 미치고 있었습니다. 참으로 반가운 것은 "한국의 삼성 전화기와 LG 전화기가 가장 인기 있을 뿐만 아니라 값도 제일 비싸다"는 가게 주인의 말이었습니다. 미국 여권을 가지고 카자흐스탄 선교 여행을 왔음에도 불구하고 어깨가 '으쓱' 올라감은 어찌된 일인지요! 역시 "피는 물보다 진하다"는 고루한 속담을 떠올리면서 입가에는 너털웃음이 스쳐 지나갔습니다. 현대식 백화점과 식품점들이 들어온 곳에는 예외 없이 경비원들이 눈을 부릅뜨고 허리에 총을 차고 있는 모습에 왠지 모르게 을씨년스런 마음이 되었습니다.

오후에는 카라간다에서 마지막으로 교회 두 곳을 방문하여 함께 예배드리며 설교하기로 되어 있었습니다. 약 3시간 정도를 가야 한다고 하기에 인근의 주유소를 들렀는데, 기름값은 미국보다 상당히 저렴했습니다. 아마도 카스피해 부근에서 원유가 생산되기에 그런가 봅니다. 또한 휘발유도 미국에는 없는 옥탄가 97짜리가 있다는 것이 신기했습니다.

물론 자동차는 미국의 것들에 비하면 아주 질이 낮아보였습니다. 간혹 한국에서 만든 자동차들이 다녔고, 독일에서 만든 자동차가 제일 많았습니다. 아마도 이곳의 길 사정 때문인 것 같습니다. "이곳은 세계에서 제일 좋은 차와 가장 나쁜 자동차가 공존합니다"라는 남덕우 선교사님의 말이 이해가 되는 체험을 했습니다.

크리스나야 니바 교회에서!

먼저 도착한 교회는 안수집사인 '발레리 카잔제프'라는 분이 시무하시는 '크리스나야 니바 교회'였습니다. 한국의 진형직인 60년대의 집과 같은 집들이 대부분이었습니다. 비가 오는 날임에도 불구하고 아주 작은 예배당 안에는 이미 자녀들과 몇 분의 성도들이 예쁜 피아노 소리에 맞추어서 찬송가를 부르고 있었습니다. '어디를 가든지 시공을 초월하여 하나님의 은혜를 깨닫게 하는 것이 찬송이로구나' 하는 생각에 감사했습니다. "호흡이 있는 자마다 여호와를 찬양할지어다"라고 초청하고 있는 시편의 말씀이 은혜롭게 다가왔습니다. 분위기가 얼마나 부드럽고 평안하던지, 교회는 숫자가 아니라 이러한 믿음의 사람들이구나 하는 마음에 자부심과 소망으로 가득 찼습니다. 세 번의 설교가 있었음에도 불구하고 모두들 진지하게 약 2시간의 예배를 드리는 저들의 모습에서 이 마을의 소망을 읽을 수 있었습니다.

다음에 도착한 교회는 길을 잘못 들어서인지 여기저기를 돌아야 했습니다. 비가 온 뒤인지라 길은 엉망진창이었습니다. 자동차가 시속 5마일 이상을 달릴 수 없는 그런 길을 무려 3시간 동안이나 가야만 했습니다. 도착한 마을에는 아직도 공산주의 시절의 냄새들이 물씬 풍기는 곳이었습니다.

아바이 교회에서!

두 번째로 도착한 교회는 '아바이 교회'였습니다. '아바이'의 의미는 '그 동네에서 존경받는 분을 부르는 호칭'이라고 합니다. '안드레에 그루쉐코' 목사님이 시무하는 교회로서, 건물은 옛날 공산주의 시절 공회당을 개조해서 사용하고 있는데, 아주 컸습니다. 약 200명 정도 출석하고 있는데, 대부분이 연로하신 분들이라고 합니다. 이날은 화요일 저녁인데도 그리고 비가 오는 날인데도 불구하고 약 50명 정도의 성도들이 예배에 참여했습니다.

그동안 갈고닦아 두었던 김인옥 선교사님의 특별 찬양에 부족한 사람의 목소리가 한몫을 감당할 수 있었습니다. "환란 중에서라도 찬송하며 사는 삶이 성도의 삶입니다. 이를 보는 세상은 밤중에 우리로 노래하게 하시는 하나님을 보게 될 것입니다. 소망 가운데 믿음으로 끝까지 인내하셔서 후일에 천국에서 만나는 기쁨을 누립시다"라고 증거하는 메시지에 나 자신을 물론이고 많은 성도들이 감격하는 모습을 보았습니다.

이렇게 해서 지난 8월 27일부터 시작된 5일간의 카라간다 지역에서의 선교 여행이 대단원의 막을 내리고 있었습니다. 동에서 뜨는 시간이 있으면 반드시 서쪽으로 지는 시간도 있게 마련이지요. 내일(31일)은 알마티로 이동하는 날이기에 오늘은 키리긴다에서 십십함을 날래기로 하고 목회자의 홀가분한(?) 마음으로 자동차를 탔을 때는 피곤의 노예로 전락하였습니다.

오늘 저녁은 '특별 메뉴'로 약속이 되어 있었습니다. 이곳에서 유일하게 고려인이 운영하는 식당이 있었습니다. 아주 허름한 집인데 안으로 들어가기 전에 반드시 경비원의 안내를 받아야만 했습니다. 뭔가 이상한(?) 음식점 같은 기분이었습니다. 아직도 이곳에는 그 옛날 소련의 '마피아' 같은 조직들이 존재하고 있다는 말에 섬뜩한 느낌이 들 정도였습니다. 그럼에도 손님들은 참 많았습니다. 그들 가운데는 고려인과 같이 생긴 분들도 있었고, 카작인들, 러시아인들 그리고 독일 계통의 사람들 등 여러 민족이 모여 있었습니다.

미국에서는 먹을 수 없는 '특별한 음식'(?)으로 지녁을 채우고, 오래

만에 TV 앞에 모였습니다. CNN 방송에서 미국의 남부 지방에 지난 8월 27일에 불어 닥친 허리케인 카트리나로 인하여 피해 지역을 생방송해 주었습니다. 생각보다 피해가 큰 것 같아서 멀리 타국에 있었지만 마음이 상당히 무거웠습니다. 늦은 밤에 전화로 미국 성도들의 안부를 물었습니다. 아무 일도 없다는 소식을 듣고 감사로 밤을 지낼 수 있었습니다.

하나님께서 계수해 주시는 카이로스!

2005년 8월 31일 수요일

'크로노스'(Xronos)의 흘러가는 시간을 항상 아쉬워하는 것이 우리들일진데 그래도 오늘까지 이곳 카자흐스탄에서의 선교 일정은 특별한 '카이로스'(Xairos)의 시간으로 하나님께서 인정해 주시리라 믿는 믿음이 상급으로 변화되는 것을 체험했습니다.

오전에 잠시 시간을 내어서 이곳 침례교 총회장 사무실을 방문했습니다. 총회장인 푸란츠 티센 목사님은 독일계 카자흐스탄 사람인데 우둥퉁하며 아주 인자한 성품의 사람이었습니다. 특별히 연약한 개척 교회라고 들었던 미국의 주님의교회에서 다리야 교회 성도들을 위하여 예배당 건물을 구입해 줄 수 있었다는 것은 하나님의 놀라우신 역사로서만 설명될 수 있는 기적이라고 칭찬하시는 모습에서 우리 교회 성도들의 모습이 하나둘씩 떠올랐습니다. "앞으로 여기 침례교 총회가 더 많은 부흥의 열매를 거두기를 기도하겠노라"고 답변한 뒤에,

밤 기차 탑승을 위한 휴식을 취하자는 김 선교사님의 말씀대로 간단한 점심 후에 이내 아파트로 돌아왔습니다.

돌아갈 길을 준비하는 마음이 왠지 모르게 서글펐습니다. 그동안 지냈던 아파트의 벽들이 이별을 말하는 것 같았습니다. 주님의교회 성도들을 위한 작은 선물들을 가방에 담으면서, 또 김인옥 선교사님의 속성 DVD를 선물로 받아서 짐을 꾸렸습니다. 순간 '언젠가 인생의 마지막 짐도 꾸려야 하는데…'라는 생각으로 은혜를 받았습니다.

부슬부슬 비가 내리는 창문을 내다보면서, 카라간다에서의 마지막 기차 여행을 기다렸습니다. 무언가 부자유스러움이 어울리지 않을 정도로 기차 안에서의 여행도 그러했습니다. 고속 야간열차로 약 11시간을 달려야 비로소 알마티에 도착한다고 하니, 이 나라의 크기가 상당히 크다는 것을 짐작할 수 있었습니다.

카라간다에서 알마티로

오후 9시 30분, 김인옥 선교사님의 따뜻한 배웅을 받으면서 스페인 열차(Spanish Train, 스페인에서 제작된 열차라고 이렇게 부른다고 합니다)에 올랐습니다. 김 선교사님과 둘이서 한 침대차 안에 탔습니다. 저는 위층에 김 선교사님은 아래층에 자리를 잡았습니다. 장거리 기차 여행을 위한 안내 수칙 같은 것들을 몇 가지 말해 주시는 김 선교사님의 말에 등골에서 식은땀이 날 정도로 무서움을 느꼈습니다. 그러나 이내 믿음의 자녀들의 특권이자 하나님께서 사랑하시는 자들에게만 주시는 '단잠'을 가졌습니다. 한참을 잔 것 같아서 일어나 시계를 들여다보니 여전히 기차는 달리고 있었고, 시간은 새벽 3시를 가리키고 있었습니다. "조금 더 주무셔야 됩니다"라고 언제 깨셨는지 김 선교사님이 말씀하십니다.

갑자기 덜컹거리던 기차의 굉음 소리가 작아지는 것이 느껴졌습니다. 커튼을 젖히고 보니 해는 벌써 떠올랐습니다. 곧이어 안내 방송이 들려옵니다. 이제 30여 분 정도면 알마티에 도착한다는 것이었습니다. 일어나 간단히 세면을 하고 아침 식사를 먹었습니다. 김인옥 선교사님이 손수 마련해 주신 김밥과 커피가 어우러진 식사는 갈릴리 호수에서 예수님과 제자들이 드셨던 그것과는 비교도 안 될 맛이었습니다.

알마티에서의 마지막 날!

2005년 9월 1일 목요일

전날에 카라간다를 출발하여 알마티에 도착하여, 마중을 나오신 남덕우 선교사님의 차를 타고 알마티에 있는 선교사님의 아파트로 향했습니다. 최근에 새로 입주한 아파트였습니다. 방이 3개고 부엌과 거실이 딸린 아담한 아파트였고, 월세는 미화 500달러 정도라고 합니다. 외부의 거친 모습과는 달리 안에는 온화함이 배어 있었습니다. 처음 온 손님들이기에 더욱 반갑게 맞아 주시는 남 선교사님의 사모님과 10학년 된 딸을 위하여 한마음으로 기도할 수 있었습니다.

알마티는 최근까지 카자흐스탄의 수도였던 도시였습니다. 오전에 시간을 내어 도시 구경을 나갔습니다. 많은 외교관들의 아파트와 공관이 자리 잡고 있는 카자흐스탄 최대의 도시였습니다. 옛날에는 실크 로드의 한 지역으로서 중앙아시아의 심장부 역할을 감당했었다고 합니다. 21세기, 이제는 복음의 실크 로드로 알마티가 될 것을 위하여 기도하는 마음으로 이곳저곳을 살필 수 있었습니다. 도시는 복잡

했고, 많은 사람들의 출근길은 마치 한국의 러시아워 같은 모습이었습니다.

아직 포장되지 않은 도로라서 시간 구별 없이 아침부터 먼지가 날리고 있는 도심을 지나, 아주 깨끗하고 조용한 곳에 이르렀습니다. 주님의교회 성도들과 이번 선교를 위하여 물심양면으로 함께했던 성도들을 위한 작은 기념품들을 구입하려고 시장을 들렀습니다. 가는 곳마다 경찰들이 눈을 부릅뜨고 경비를 서는 모습에 마음이 무거웠습니다. "목사님, 여권 가지고 나오셨지요?"라고 묻는 김 선교사님의 물음이 왠지 서글프게 들립니다. 이런 마음이 외국에서의 나그네의 설움인가 봅니다.

개방의 문이 열린지 얼마 되지 않는 국가인지라 경제적인 전략 상품 하나도 없는 썰렁한 가게는 외국의 물건들로 가득 채워져 있었습니다. 초록색과 파란색이 어우러진 거칠게 만들어진 접시와 화병만이 유일한 토산품에 올라 있었습니다. 이러한 알마티에서 사역하는 남덕우 선교사님의 사역을 위하여 기도와 물질적인 후원자가 될 것을 다짐하는 좋은 시간이었습니다.

오후에는 카자흐스탄 최고의 산인 심블락 산(Mt. Shymbulak)을 등정하는 기회가 있었습니다. 산봉우리는 만년설에 뒤덮여 있는 고산입니다. 한국의 백두산보다 훨씬 높아 해발 4,000여 미터나 된다고 합니다. 걸어서 올라가는 것이 아니라 두 번을 갈아타는 케이블카가 설치되어 있었습니다. 첫 번째 케이블카는 두 사람이 앉게끔 되어 있었고, 두 번째 케이블카는 혼자서 앉아 올라가는 것이었습니다. 자동차로 2,000미터까지 가서 케이블카로 바꾸어 타야 합니다.

케이블카를 타는 곳에 이르자 비가 내렸습니다. 비가 오면 등산을 허락할 수 없다는 관리사무실의 냉정한 대답이 실망을 가져왔습니다. 잠시 산장에서 커피와 치킨 누들 수프로 간단하게 점심을 대체하면서 비가 그치기를 기다렸습니다. 말이 치킨 누들 수프(chicken noodle soup)이지, 정말 맛이 없기가 말이 아니었습니다. 국수는 별로 없고 닭 뼈가 들어 있었습니다. 미국의 그것과는 너무도 대조적이었습니다.

멀리 카라간다에 계신 김인옥 선교사님이 전화를 했습니다. 이미 일기예보를 보고 날씨를 알고 계셨던지라, 비가 오지 않기를 위해 기도한다고 하셨습니다. "멀리서 오신 안 목사님이 반드시 산에 올라가셨다 가셔야 한다"는 간곡한 기도가 뒤따랐습니다. 순간 비가 멈추는 것이었습니다. "선교지에서는 기도 응답도 신속하군요"라는 저의 말에 모두들 웃음으로 하나님의 역사하심에 감사했습니다.

물로 흠뻑 젖어 있는 케이블카에 궁둥이를 대니 역시 고산지대인지라 차가운 기운이 느껴졌습니다. 한 손에는 디지털 카메라를 굳게 잡고(떨어뜨리면 주울 수 없는 산이기에 더욱 꽉 잡았지요. 실제로 많은 카메라들이 산 중턱에 널려 있었습니다), 다른 한 손으로는 안전장치를 꽉 잡았습니다. 믿음이 그렇게 없지는 않은데도, 올라가면서 눈앞에 다가오는 엄청난 자연의 장관들에 오장육부 모든 것이 정지하는 것 같은 느낌이었습니다.

올라가는 높이마다 풀과 나무들이 현저하게 다른 것을 볼 수 있었습니다. 처음에는 봄기운 같은 쌀쌀함이 느껴지더니, 곧이어 깊은 가을 같은 쓸쓸함이 느껴졌습니다. 이윽고 혼자 타야 하는 케이블카 정류장에 도착했습니다. 왠지 조금은 무서웠습니다. 지금까지는 산의 경사가 상당히 완만했는데 갑자기 급해지는 것이었습니다. '여기까지 왔는데, 이제 후로도 하나님께서 도와주시겠지!'라는 확신으로 케이블카에 올랐습니다.

약 10여 분 정도 올라가더니 멈추었습니다. 기온이 금방 영하로 변하는 것을 느낄 수 있었습니다. 내리자마자 눈앞에서 펼쳐지는 만년설과 키 작은 침엽수 나무들 그리고 검은 빛의 바위들이 어우러진 모습에 가슴이 확 터지는 감격을 체험했습니다. 순간 영화 속의 한 장면이 떠올랐습니다. 〈사운드 오브 뮤직〉(Sound of Music)의 장면이었습니다. 우여곡절 끝에 오스트리아로 탈출하는 데 성공한 가족들 앞에 펼쳐지는 장면과 흡사했기 때문이었습니다. 앞에는 작은 나무들과 이름 모를 꽃들이 피어 있고, 뒤편으로는 만년설로 뒤덮인 하얀 산들이 반짝거리고 있는 모습이 영화 속의 장관과 너무도 비슷했습니다.

이렇게 사진을 찍어 보기도 하고, 저렇게 사진을 찍어 보기도 하면서, 우리 하나님 아버지의 놀라운 솜씨를 만끽했습니다. 아담의 타락이후 하나님의 저주받은 세상이, 가인이 아벨을 쳐 죽인 후에 다시 하나님의 저주받았던 세상이, 그리고 노아 홍수 이후에 또다시 하나님의 저주를 받았음에도 불구하고 지금 남아 있는 삼라만상들이 이렇게 아름다울진대, 죄가 세상이 들어오기 이전의 삼라만상은 창조시 100퍼센트의 아름다움을 간직했었을 것이고, 그 모습이란 오늘 우리가 도저히 상상조차 할 수 없는 그런 모습이었을 것이라는 상념에 잠겨보기도 했습니다. '천국은 이런 곳이겠구나'라는 상상(?)을 해 보았습니다.

이제 내려가야 하는 시간이 아쉽게 다가왔습니다. 떨어지지 않는 발걸음을 재촉하는, 김 선교사님이 부르는 목소리가 이내 귓전을 울렸습니다. 변화산 정상에서 내려가기를 원치 아니했던 세 명의 제자들의 모습을 생각하면서 '피식' 코웃음을 치고는 이내 내려오는 케이블카에 몸을 맡겼습니다.

내려오면서 아득히 멀리 펼쳐지고 있는 알마티 시가지의 모습이 보였습니다. 그 옛날 수많은 대상들의 애환을 그대로 간직한 한 도시요, 어쩌면 그 시대에 예수님의 또 다른 제자들이 저곳을 지나갔으리라는 막연한 믿음의 역사의 한 페이지를 되새겨 보면서, 피곤하여 잘 나오지 않는 목소리로 "참 아름다워라 주님의 세계는"이라는 찬송을 힘차게 불렀습니다. 반대편에서 케이블카를 타고 올라가는 사람들이 한국말로 부르는 찬송을 알아들을 리가 없지요. 그럼에도 불구하고 좀처럼 옆에 있는 사람들과 아는 척하기를 꺼리는 카자흐스탄 사람들이 야릇한 미소를 지을 때에 '역시 찬양은 하나님의 우주적인 도구로구나' 하는 생각이 들었습니다.

이처럼 아름다운 알마티라는 도시가 지금은 자본주의 경제의 유혹 때문에 몸살을 앓고 있다고 합니다. 의식주 문제 해결을 위하여 정부와 모든 국민들이 거기에만 매달려, 이런저런 선동적인 정치 구호들이 난무하여 나라 전체가 혼란스럽다고 합니다.

어느덧 해가 서산 중턱에 걸려 있었습니다. 오늘 저녁이 이곳 카자흐스탄에서의 마지막 저녁 시간입니다. 한국 분이 운영하시는 식당에서 저녁 식사 약속이 되어 있었습니다. 한국 사람은 보이지 않고 거의 카자흐스탄 사람들로 붐비는 아담한 식당이었습니다. 식당의 이름이 '예향식당'이었습니다. 분명히 기독교인이 운영하는 식당이라는 반가운 생각이 들었다가, 이내 조금은 실망하고 말았습니다. '예수 향기'라는 단어가 겨우 식당의 이름으로 사용되고 있는 모습이 이내 아쉬움으로 다가왔기 때문이었습니다. 그럼에도 좀처럼 미국에서 맛볼 수 없는 '우거지 시래기 해장국'을 아주 맛있게 먹을 수 있었습니다.

지난 10일 간의 카자흐스탄 단기 선교를 하면서 체험했던 은혜들을 나누면서 아쉬움과 또다시 만나자는 약속들과 하나님 나라와 의를 위하여 끝까지 수고하기를 마다하지 않겠다는 결심들을 이야기하면서 숙소로 배정되어 있는 알마티 신학교로 발걸음을 옮겼습니다. 이 신학교는 카자흐스탄 침례교 총회에서 운영하고 있는 신학교인데, 정상적인 학위 프로그램은 없고 단지 재충전의 교육과 주로 작은 교회 안수집사들 그리고 카자흐스탄의 젊은이들이 신학과, 음악과 그리고 선교학과에서 공부하고 있다고 합니다.

순간 어디선가 우레와 같은 코 고는 소리가 들렸습니다. 바로 옆에 있는 침대에 누워 계셨던 김 선교사님이 벌써 잠이 든 것입니다. 5분 정도도 안 걸리는 시간 안에 잠을 잘 수 있다는 신기함(?)이 니고 히여금 부러움을 자아나게 했습니다. '사랑하시는 자에게 단잠을 주시는 하나님'이 계시기에 김 선교사님이 지금까지 10년 이상을 외국에서 선교사로 사역하실 수 있었지 않았는가 하는 생각을 하면서 사랑하는 가족들을 만날 꿈을 꾸었습니다.

돌아가야 하는 아쉬움의 날!

2005년 9월 2일 금요일

　새벽 1시가 되기 전에 잠이 깼습니다. 전날 밤에 준비해 놓은 짐들을 하나하나 다시 점검하기 시작했습니다. 비행기 티켓과 여권도 다시 점검했습니다. '이제 정말로 10일간의 카자흐스탄 선교를 마치고 미국으로 돌아가는구나!'라는 생각에 다시금 감사의 눈물을 훔쳐야만 했습니다. 부족하고 연약한 우리 주님의교회가 이 먼 나라 카자흐스탄의 다리야 교회 성도들에게 예배당 건물을 구입해서 선물로 줄 수 있었다는 사실이 믿어지지 않을 정도로 감사했습니다. 이 모든 사역의 뒤에서 말없이 연약한 종을 믿고 따르며 기도와 물질로 후원해 주셨던 성도들의 얼굴들이 하나둘씩 스치기 시작했습니다.

　달려가 보고 싶은 사랑하는 아내와 세 딸들, 집사님들, 그 외에 모든 성도들과 자녀들의 얼굴들, NJ의 김 집사님 내외, 연로하심에도 불구하고 뉴저지에서 달려오셔서 두 손을 꼭 잡아 주며 하얀 봉투를 건네 주셨던 김 집사님, 큰 선교비로 종의 여정에 큰 도움을 주신 박 집사님의 얼굴, 헤링(Curt & Barbara Hairing) 집사님 내외분, 이름도 얼굴도 모르는 단지 전화로만 몇 번의 통화로 목소리를 말고 있는 이웃 교회 집사님의 사랑, 멀리 뉴저지 브릭(Brick)에서 투병 중인 박 집사님의 얼굴들이 주마등처럼 스쳐 지나가고 있었습니다.

"목사님, 너무 감사했습니다. 그리고 너무 즐거운 사역이었습니다"라고 말씀하면서, 어깨를 '꽉' 움켜잡으시는 김 선교사님의 눈물 섞인 목소리와 "안 목사님, 만나서 너무 반가웠습니다. 또 오십시오"라고 말씀하시는 남 선교사님의 "스바스다니야"('안녕히 가세요'라는 배웅 인사)를 뒤로 하고, 비행장의 검색대를 지나 무거운 짐을 끌고 안으로 들어가는 발걸음이 무거운지 가벼운지 분간이 되지 않았습니다. 그동안 떨어져 있던 사랑하는 가족들과 성도들을 만난다는 면에서는 발걸음이 가벼웠을 것이고, 떨어지지 않는 발걸음을 강제로 비행기에 실어야 하는 마음은 정녕 무거웠을 것입니다.

루프트한자 비행사 소속의 비행기를 기다리는 동안 지난 10일간의 선교 여행이 주마등처럼 스쳐 지나갑니다. 과연 이번 선교 여행을 통하여 하나님께서 무엇을 원하시는지를 깨닫게 되었습니다. '선교는 하나님의 급하신 섭리다'라는 사실입니다. 연약한 교회를 들어서까지 선교를 하게 하시는 하나님의 모습을 생각하면서, 깊은 상념의 나락으로 빠져들었습니다.

공항 안내 방송 소리(한국의 김포 공항이 생각남)에 눈을 부릅뜨고 짐을 챙겨 비행기에 올랐습니다. 이제 또다시 돌아가는 긴 여행이 시작된 것입니다. "주님, 도착하는 시간까지 안전하게 보호하시옵소서" 마음으로 기도하면서 모두 주님께 맡기고 잠을 자야겠구나 생각하는 동안에 비행기는 굉음을 내면서 활주로를 빠져나가고 있었습니다. 갈 때는 무거웠던지 느리기만 하던 비행기가 올 때는 왜 그리 빨리 움직이는지요. "여호와는 나의 목자시니…"라는 시편 23편의 말씀을 외우는 사이에 잠이 나를 습격했습니다. 그동안의 하나님의 은혜에 감사하면서….

짧은 여행, 긴 감동!

짧은 여행, 긴 감동의 은혜를 주신
하나님 아버지께 찬양과 영광과 감사를 드립니다.
부족한 종과
주님의교회 성도들이 한마음으로
이번 선교 사역을 기쁨으로 감당할 수 있었음에
감사를 드립니다.

이름 모를 이웃들의 풍성한 은혜의 선물들로 인하여
귀중한 만남의 은혜 속에서 함께 비전을 나누었던
옛날의 성도들로
인하여 감사를 드립니다.
그리고 모든 선물의 주인 되시는 하나님께 감사를 드립니다.

오늘도 선교지에서 선교 사역을 감당하시는
김신환 선교사님 내외분과 남덕우 선교사님 내외분을 위하여
기도합니다.

그리고 다리야 교회의 예배당 증개축을 위하여,
무엇보다 그 교회를 통하여
다리야 마을이 복음화 되기를 위하여 기도합니다.

P.S. 지금까지 긴 글을 읽어 주신 모든 분들께 감사드립니다.
선교지 예배당 건축 사역에 관심이 있으신 분들은 주님의교회 email 로 연락해 주시기 바랍니다.
e-mail: lordcommunitychurch@gmai.com

주 안에서, 안문균 목사

주님의교회에서 건물을 구입하여 봉헌한 다리야 교회 성도들과 교회 앞에서 찍은 사진

사란 침례교회 주일예배

사란 침례교회에서 주일 예배 설교를 하는 모습

크리스나야 뽈라냐 교회에서 성도들과 함께 예배드리는 모습

희망의 집 탁아소와 고아원 어린아이들에게 요한복음 3장 16절로 설교하는 모습

크리스나야 니바 교회 성도들과 함께 예배드리는 모습

기도는 항상 무릎을 꿇고 하든지 아니면 반드시 기립하여 해야 한다

아바이 교회에서 예배를 드린 뒤 기념 촬영

다리야 교회 성도들의 사랑이 담긴 진수성찬으로 대접을 받으면서

뒤편에 보이는 남루한 건물이 다리야 교회를 위해 봉헌한 대지와 건물이다

다리야 교회를 섬기는 집사님들과 순회 전도자 그리고 김 선교사님과 함께

ANZANIA
탄자니아

K.T.C. Mission Trip

2부 탄자니아

검은 대륙 아프리카를 향한 선교의 첫 발걸음!

2013년 3월 4일부터 15일까지

'검은 대륙'으로 불리는 아프리카를 향해 처음 가는 길에 대한 두려움이 있었다. 더욱이 현대화된 나라의 비행기가 아니라 에티오피아 항공(아프리카에 대한 편견의 무용함과 이슬람권에 대한 우려에 불과했지만…)을 타고 가는 여행인지라 더욱 마음을 다잡을 수 없었다. 그러나 요단강에 믿음으로 첫발을 내디뎠던 여호수아처럼 '믿음의 첫걸음'을 내디뎠다. 성도님들의 기도와 후원을 등뼈(backbone)로 삼고 주님의교회가 아프리카 대륙에 선교 사역의 첫 장을 기록했다. 목적이 이끄는 삶은 행복한 삶이듯이, 이번 선교 여행 역시 행복한 여행이 될 것을 확신하면서 첫걸음을 시작할 수 있었다.

이번 선교 여행의 목적은 세 가지였다.

첫째는 현지인 목회자(Rev. Kajiru 목사님)가 사역하고 있는 무헤자(Muheza)라는 도시의 KLPT 교회(탄자니아 오순절 교단에 소속된 교회)에 하나님의 은혜로 우리 주님의교회가 예배당 건물을 지어 주는 영광을 누렸는데(2012년), 이제 예배당 건물 완공 감사 예배를 드림과 동시에 아직까지 예배당 바닥 공사가 마무리 되지 못했기에 이 공사를 위한 헌금(미화 3,000달러 정도)을 전달하는 것이다.

둘째는 주님의교회에서 선교로 오랜 기간 동안 동참하고 있는 탕가 신학교(T.C.B.C)에서 한 주일 간 "왜 그리스도인들이 고난을 당하나?"라는 특강을 하기 위함이었다.

셋째는 그동안 말로만 듣던 아프리카 탄자니아에서의 박윤석 선교사님의 사역도 돌아보고, 특별히 지난 2011년 11월 11일에 하나님의 부르심을 받고 먼저 소천하신 사모님의 빈자리를 이겨 나가면서 선교하고 계신 박 선교사님을 위로하는 것이다.

에디오피아의 아디스아바바 국제공항에서 탄자니아의 킬리만자로 공항에 가려고 비행기를 갈아타는 모습

여기서 잠깐 박윤석 선교사님에 대한 소개를 한다. 지난 십수 년 동안 탄자니아

에 기도와 물질적인 선교를 해 오면서 교제를 나누었던 신실한 선교사님이다. 이분은 1995년 하나님의 선교 현장으로의 부르심에 무작정 순종하여 케냐를 거쳐 한국 선교사님들이 가장 적은 탄자니아, 그것도 가장 날씨가 덥기로 유명한 탕가 지역(인도양 부근에 위치한 도시로서 탄자니아에서 다섯 번째 큰 도시에 해당함)에서 선교 사역을 한 지 벌써 17년의 세월이 흘렀다.

특별히 우리 주님의교회에서는 그동안 선교 현지의 하나님의 백성들에게 예배당을 지어 주기 위하여 무명의 성도님(지금은 한국으로 이주하신 가정)의 헌금으로 간직해 온 건축 헌금(미화 10,000만 달러)을 2012년 4월에 꼭 탄자니아 현지인이 목회하는 교회 예배당 건물을 지어 줄 것을 부탁드리면서 미국을 방문하신 박윤석 선교사님에게 건네 드렸다. 이로써 우리 주님의교회에서의 세 번째 예배당 봉헌 사역이 결실을 맺게 된 것이다.

물론 우리 교회에서는 이미 두 차례에 걸쳐서 현지인들은 위해 예배당 건물을 봉헌하는 축복을 누렸다. 첫 번째는 2005년(허리케인 카트리나로 인하여 미국의 남부 지역이 엄청난 피해를 입었던 해)에 카자흐스탄에서 선교사로 사역하시는 김신환 선교사님 내외분의 소개로 '다리야' 지방에 소재하고 있는 '다리야 교회'에 건물을 구입하여 그들과 함께 봉헌하는 기쁨을 누렸다. 이때는 필자가 친히 처녀 선교 여행을 혼자서 다녀왔으며, 그 보고서가 〈친백성〉이라는 타이틀로 뒤에서 있다. 특별히 하나님의 손길이 역사하셨던 감격을 지금도 잊지 않고 기억하고 있음이 얼마나 감사한지! 두 번째로 지난 2011년에는 키르기스스탄으로 사역지를 옮겨 가신 김신환 선교사님 내외분의 소개로 '카라-쿨 교회' 예배당 증축을 완공해 주는 기쁨을 누렸다. 이때는 남침례교(S.B.C) 해외 선교부(I.M.B)를 통하여 선교비를 보내 드렸다. 앞으로도 계속해서 하나님의 축복이 허락하는 한 약속한 열 번 가운데 일곱 번이 남아 있는데, 계속해서 하나님의 손길을 체험하고 싶다.

(2023년 기준, 여덟 채의 예배당을 봉헌했으며,
두 채는 기도 중에 있다)

작은 선교의 날개를 펴고

2013년 3월 4일 월요일

개인적으로나 교회적으로 잊지 못할 한 날이었다. 처음으로 검은 대륙 아프리카 선교를 향한 '주님의교회'의 작은 날개가 펼쳐지는 날이었기 때문이다. 담임목사로서 보다 높은 차원의 선교 계획을 세워보고 싶은 열망이 선교의 발을 달리게 했다. "선교는 하나님의 심장이다"라는 말이 뇌리 속에서 떠나지 않았음을 감사하게 여겼다. "신분은 행동의 어머니다"라는 말처럼 지금은 목회자가 아니라 선교사로서 아프리카를 향하고 있었다. 목사의 신분보다는 선교사의 신분이 나를 더 흥분되게 했다.

경비를 아끼기 위해 저렴한 에티오피아 항공(Ethiopian Air)을 타고 가기로 동행하는 한종태 목사님과 상의를 했다. 워싱턴 D.C. 근교에 위치한 워싱턴 델레스 국제공항(Dulles International Airport)에서 오전 10시 30분 비행기를 타기로 예약이 되어 있었다. 이를 위하여 전날(3일)에 주일 예배를 마친 후에 한 목사님 가정(MD)에 도착하여 하룻밤을 자야만 했다. 차를 운전하여 그곳에 주차를 하고 4일 아침 6시에 한 목사님의 친지인 양 장로님의 도움으로 비행장으로 향했다. 신선하지만 조금은 차가운 바람이 창문을 향해 들어오고 있었다. 처음 가는 탄자니아에 대한 일련의 정보들이 생각을 사로잡았다. 복잡한 생각을 뒤로하고 단순하게 선교 여행(Mission Trip)을 하고 싶었다.

    탄자니아는 아프리카의 동부에 위치한 나라다. 땅의 면적은 한국의 4.5배나 되고 인구는 4,600만명(2011년 통계)에 이르는 거대한 사회주의 국가다. 모든 땅은 국가가 소유하고 관리하고 있다. 공식 언어는 스와힐리어와 영어인데, 많은 사람들이 스와힐리어를 사용하고 있다. 스와힐리어는 소리 나는 대로 영문 표기를 하여 공식 문서에 사용한다. 몇 마디 배워 가지고 가긴 하지만 사용할 수 있는 기회가 얼마나 될지…. 탄자니아라는 국명은 '탕가니카'라는 나라와 '잔지바르'(인도양에 위치하고 있는 섬으로 탄자니아의 대표적인 휴양지)라는 두 나라가 합병하면서 만든 국명이라고 한다. 옛 수도는 '다르에스살람'(Dar es Salem)이며 이 도시는 현대화된 문명들을 자랑하고 있지만 기타 지역은 그야말로 현대와 과거가 공존하는 나라다.

    미국의 동부보다는 8시간이 빠르며, 적도 아래 남위 5도와 10도 사이에 위치해 있기에 항상 더위와 싸워야 하는 나라다. 대표적인 관광지로는 세계에서 다섯 번째요 아프리카 대륙에서 가장 높은 킬리만자로(Mt. Kilimanjaro, 높이 5,895m)와 분화구를 중심으로 이루어진 천연자연 보존 구역인 응고롱고로 분화구(Ngorongoro)가 있다. 아프리카 대륙에서 다섯 번째로 높은 산인 마운트 메루(Mt. Meru)라는 산도 소유하고 있다. 또한 와일드라이프 사파리(Wildlife Safari)로 유명한 세렝게티 국립공원(Serengeti National Park) 그리고 타란기레 국립공원이 있다. 천연적인 보석(Tanzanite)이 생산되는데 빛깔이 천연 남색으로 상당히 찬란한 보석이라고 한다.

에티오피아 항공은 예정된 시간보다 15분 정도 일찍 오전 10시 15분에 엔진 시동을 걸었다. 보잉 777-200LR 기종으로 정원이 321명을 태울 수 있는 거대한 비행기였다. 승객은 만원이었다. 이내 비행기는 39,000피트 상공으로 올라가 무려 9시간 30분 동안을 쉬지 않고 날았다. 긴장의 연속인지라 머릿속의 모든 것들이 '멍'하게 지워지는 느낌으로 참아야만 했다. 모두들 상기된 표정으로 무사 비행을 기원하는 눈치였다. 비행기 승무원들은 자기에게 주어진 책임을 다하느라 수고를 아끼지 않는 모습이었다. 한 대의 비행기가 떠서 하늘을 날기까지는 수많은 사람들의 수고와 땀방울들이 모자이크처럼 연결되어 있다고 생각하니 감사의 마음이 가득해지는 것을 느꼈다.

이윽고 비행기의 바퀴가 내려오는 '쿵' 소리로 인하여 잠을 깼다. 에티오피아의 수도인 아디스아바바 국제공항에 착륙했다. 안도의 긴 숨소리가 여기저기서 들려 왔다. 긴 시간 비행기를 잘 운전한 그래서 여행을 잘 마치게 해준 기장과 승무원들에게 감사의 표시로 박수를 치는 사람들도 있었다. 1992년 처음으로 성지 순례의 길을 갔을 때에 이스라엘 공항에 도착하는 비행기 승객들이 박수를 크게 치던 기억이 되살아나는 것 같았다.

흙에서 지음 받은 인간들은 역시 흙에 발을 붙이고 살아야 마음에 평안이 있다는 진리를 새삼 깨달았다. 아담 이후로 육체의 본질이 흙인 인간들에게는 흙은 고향과 같다. 그리고 이 땅을 떠나서도 흙을 떠날 수 없는 것이 우리의 삶이지 않은가. 순간 고(故) 박경리 씨의 《토지》라는 소설이 생각났다.

약 3시간 정도 공항 청사에서 기다려야 했는데, 작은 공항 청사인지라 무료하기가 그지없었지만, 공항 안에서 이리저리 지나가는 행인들을 감상하는 특권(?)을 누렸다. 특별히 에티오피아 여인들을 아주 가까이서 자세하게 볼 수 있었다. 다른 아프리카 나라의 흑인 여성들과는 무언가 다른 점을 발견했는데, 에티오피아 여인들의 머리카락은 검은 곱슬머리가 아니라 서양 사람들처럼 검고 길다는 사실이다. 그리고 이목구비가 매우 분명한 얼굴을 띠고 있다. 문득 구약 시대 솔로몬 왕과 에티오피아 시바 여왕의 사랑의 모습이 스쳐 지나갔다. 그래서인지 에티오피아는 아주 일찍 문명화된 나라로서 아프리카 대륙에서는 다른 나라 국민들이 부러워하는 나라 중의 하나라고 한다. 영어를 공식 언어로 사용하고 있기에 영어를 사용하는 외국인들과 이질감을 덜 느끼면서 대화가 자연스럽고 용이한 나라라고 한다. 이렇게 에티오피아에서 무상념의 시간이 흘러가고 있다. 기다림은 지루함의 연속이었다.

공항 안내 방송 소리에 몸을 일으켜 탄자니아에 있는 두 개의 국제공항 가운데 하나인 킬리만자로 국제공항으로 가기 위해 조금 작은 비행기에 몸을 맡겼다. 감사하게도 탄자니아 청년이 우리 옆자리에 앉았다. 그 청년은 중국 여행을 마치고 집으로 돌아가는 길이라고 했다. 대학생으로 직업 교육을 받고 있는 중인데, 중국에서 한 달 동안 머물렀고, 탄자니아에서 사업을 하는 중국 사람들(약 4만 명 거주함)과 사업을 하는 부모님의 친분을 통해서 중국을 방문할 수 있었다고 한다. 경제학도로서의 꿈을 가진 야심 찬 청년의 모습에서 장차 변화될 탄자니아의 미래를 잠시 상상할 수 있었다. 대화 속에서 반드시 응고롱고로(Ngorongoro) 분화구를 방문해야 탄자니아를 왔다 갔다고 할 수 있다고 열심히 관광 안내원이 되어 주기도 했던 청년이다. 청년의 미래가 밝아 보여서 미움이 홀가분했다.

약 2시간 30분 정도 비행을 마친 비행 물체가 뜨겁고 검은 활주로

와 마찰음을 내면서 킬리만자로 국제공항에 착륙했다. 킬리만자로 산에서 그리 멀지 않은 곳에 위치하고 있는 공항인지라 수많은 관광객들이 왕래하는 곳으로 조금은 붐비는 공항이었다. 입국 소속은 의외로 간단했다. 이미 미국에서 입국 비자를 받아 가지고 왔기 때문에 쉬웠다. 물론 입국할 때 필요한 면역 주사 확인서를 보자고 했다. 더운 나라이기에 황열병(Yellow Fever)은 면역을 필해야 했고, 말라리아는 출발하기 2주 전부터 시작해서 탄자니아에 거주하는 동안 그리고 돌아와서 2주 동안 약을 먹어야만 한다. 그 외에 선택으로 A형 간염(주로 음식물을 통해서 전염되는 질병)이나 다른 질병으로부터 보호를 받을 수 있는 면역 주사를 맞을 수 있다. 또한 현지인들에게 창궐하고 있는 HIV로 인하여 직접 안는다든지 악수를 하는 경우 상대방의 상처 유무를 잘 살펴야 한다는 충고도 받았다.

이번 여행에서 특별히 박 선교사님이 주문하신 한국 음식들(고추장, 된장, 라면, 김치, 멸치…)을 많이 지참하고 갔는데, 의외로 쉽게 통관을 시켜 주었다. 문자 그대로 작열하는 태양으로 인하여 눈이 부셨다. 공항 밖은 한산했다. 우리를 마중 나오신 박 선교사님과 반가운 해후를 즐겼다. 벌써 미국의 가족들이 보고 싶어지기 시작했다. 역시 헤어져야 만남의 기쁨이 얼마나 귀한지를 느끼는 연약한 인간의 모습인 듯하다.

미국에서 3일 오전에 출발했는데, 도착하니 현지 시간으로 벌써 4일(화요일) 점심시간이 지나고 있었다. 이렇게 지구 덩어리가 태양의 주위를 돌도록 부활하신 주님이 다시 오시는 그날까지 계속 섭리하시는 하나님의 신묘막측함에 더욱 놀랍고 감사했다. 비행기 안에서 넉넉한 잠을 청하지 못해서 그런지 눈꺼풀이 상당히 무겁게 느껴졌다.

킬리만자로의 환영 인사

2013년 3월 5일 화요일

현지 시간으로 화요일 점심시간이 지나고 있었다. 탄자니아의 뜨거운 적도의 태양이 우리들 일행을 환영해 주었다. 오늘은 인근의 모시(Moshi, 탄자니아에서 가장 아름다운 도시 중의 하나)라는 도시에서 하룻밤을 묵고 내일 아침에 탕가(Tanga) 지역으로 이동하기로 되어 있었다. 모시(Moshi, 탄자니아의 열 번째 도시, 독일 사람들의 거주지가 있어서 식민지 시절의 향기를 느낄 수 있다)로 들어가는 길목의 길과 주변이 매우 아름답게 잘 정돈되어 있는 것을 보고 놀랐다. 이유인즉 탄자니아는 독일의 식민지로 50년 정도, 그 후에 다시 영국의 식민지로 20년 정도를 견디고 난 후에 독립을 한 나라다. 우리가 묵을 모시는 식민지 시대에 독일 사람들이 모여 커다란 Compound(복합 주거) 같은 곳을 이루고 살았던 도시였기에 그 잔재가 아직도 있어 서양 도시 같은 냄새를 맡을 수 있었다. 친근감마지 느낄 수 있있다. 특별이 독일의 국교인 루터란 교단(Lutheran)에서 운영하는 게스트하우스 같은 곳이 있는데, 여행객들이 주로 사용한다고 한다. 우리 일행도 바로 이곳에서 잠을 자기로 정했다.

킬리만자로 정상의 위용을 바라보면서 하나님의 창조 능력에 감탄!

이 도시는 킬리만자로 산을 올려다볼 수 있는 전망대 비슷한 곳들이 많다고 한다. 여정을 풀고 킬리만자로 산을 잘 올려다볼 수 있는 커피 밭 한가운데 위치한 리조트로 차를 몰아갔다. 현지인이 운영하는 리조트인데 모든 시설을 서양식으로 갖추고 있었다. 언젠가 시간이 나면 아내와 가족들이 함께 킬리만자로 산을 구경하면서 휴가를 보내면 좋겠다는, 기약 없는 생각이 들 정도로 시설이 깨끗하고 아름다웠다. 음식 역시 서양식 음식이 주종을 이루었다. 닭고기 요리를 맛있게 먹고, 탄자니아 커피를 마시며 즐겼다. 모기가 손님을 맞으려고 안간힘을 쓰고 있었다.

순간 박 선교사님이 킬리만자로 산의 정상을 볼 수 있을 것 같다고 기뻐서 소리를 쳤다. 이곳에 오는 동안에 박 선교사님이 킬리만자로 산은 만년설로 덮여 있는 정상을 아무에게나 보여 주지 않는다고 하며, 마음이 거룩하고 청결한 사람들에게만 보여 준다고 했다. 내심 정상을 보고 싶은 마음이 강하지만, 혹시 정상을 못 본다면 나의 마음이 거룩하지 못하고 청결하지 못한 목사라는 오명(?)을 뒤집어쓸까 걱정이 되기도 했다. 물론 박 선교사님이 우리가 정상을 볼 수 없는 경우를 대비한 농담임을 알고는 있었지만 말이다. 그런데 그날 저녁은 유독 정상을 가리고 있던 구름들이 아주 빠르게 움직였다. 그러고는 약 20분 동안만 눈 덮인 정상을 우리 일행들에게 보여 주는 것이 아닌가! 여러 장의 인증 사진을 찍었다. 그야말로 장관이었다. 박 선교사님 앞에서 탄성과 함께 '거룩하고 청결한 마음을 가진 목사'임이 증명되는 기쁨 아닌 기쁨을 누렸다. 그리고 정말 신기할 정도로 하나님의 신비함의 손길을 느낄 수 있었다.

특별히 한국의 유명한 가수 가운데 조용필 씨가 〈킬리만자로의 표범〉이라는 노래로 탄자니아 정부로부터 훈장을 수여받았다고 한다. 그런데 조용필 씨는 아직 한 번도 킬리만자로를 본 적이 없다고 하니 아이러니컬하지 않은가. 또한 《노인과 바다》라는 소설로 유명한 어니스트 헤밍웨이라는 작가가 킬리만자로 산을 매우 사랑했고 자주 방문했다는 사실을 이 나라 사람들은 매우 자랑스럽게 여기고 있다.

가로등을 찾아볼 수 없을 뿐만 아니라 있어도 전기가 부족하여 사용하지 못하는 캄캄한 작은 길들이 펼쳐졌는데, 오른쪽에 핸들이 달린 자동차를 잘 운전하는 박 선교사님의 은혜로 숙소로 돌아왔다. 방에 들어오자 천장의 중간에 하얀 색깔의 망사를 붙잡아 내린, 무엇인가가 매달려 있었다. 바로 '모기장'이었다. 탄자니아의 모든 모기들은 말라리아균을 가지고 있기 때문에 어디서든지 모기장이 없으면 잠을 자기 힘들다. 60년대 어린 시절 모기에 물리지 않으려고 안간힘을 쓰던 모습에 입가에 웃음이 절로 났다. 추억은 항상 기쁜 마음을 가지게 하는 하나님의 묘약 중의 하나라는 생각이 들었다. 더 많은 추억들을 만드는 계기가 되기를 기도했다. 추억 속에 묻혀 있는 피어오르는 모기향과 모기장의 추억들이 우리 일행을 하나님께서 주시는 안식의 나라인 꿈나라로 빠져들게 했다. 이날 밤에 박 선교사님의 PC를 통하여 궁금해 하고 있을 미국의 가족들에게 이메일을 보냈다. 그리고 두 딸에게 답장도 받았다.

〈탄자니아에서의 첫 번째 메일〉

사랑하는 아내와 딸들에게

아빠는 사랑하는 당신의 기도와 자녀들의 기도, 성도님들의 기도로 무사히 도착하였고, 지금은 킬리만자로의 근처에 있는 '모시'라는 도시에서 킬리만자로 산을 구경하고 잠을 자고 있단다.
내일 아침(수요일)에 탕가로 옮겨 갈 예정이란다. 약 200마일 정도의 거리가 된다고 하는구나.
목요일부터 신학교 강의를 시작할 예정이고, 월요일까지 계속될 예정이란다. 위하여 기도를 부탁한다.

미진이 마지막 시험(11일)을 위하여 열심히 기도하고 있으니 걱정하지 말고 최선을 다하거라.

미현이 토요일(9일)에 집에 잘 도착할 것을 위해 기도한다.
미란이가 엄마하고 수고가 많구나.

내일 탕가로 옮겨가면 다시 또 연락해 줄게.
전화는 잘 안 되는구나.
엄마에게 말씀드려서 성도님들에게 전화로 안부를 전하라고 하렴.

그럼 또 연락할게.
탄자니아에서 아빠로부터

<미진이로부터 온 답장>

Hi dad,

We are so happy and glad to hear from you. I'm glad that you arrived to Tanzania... I hope the flight wasn't too bad. We are all doing well so don't worry about us. I pray that God bless you and His mission tremendously. May He open doors and do His work in mysterious ways. I look forward to hearing all about them.

Thanks for praying for the exam. I know there's a purpose and plan behind everything. So my book 'why do christians suffer' came and am reading it. It's been a blessing reading it. I am so proud that you actually translated the whole book into

Korean.

Looking forward to seeing you again. Stay healthy and happy.

Love you,

<미란이로부터 온 답장>

Have fun dad! Thanks for the email. Take lots of pictures! Be safe and email us again! Everything at home is good.
We love you!

별도의 다이어트가 불필요한 체험

2013년 3월 6일 수요일

새벽 5시에 기상 소리가 들렸다. 박 선교사님 왈, 약 200마일은 가야 하는데 낮에는 너무 더우니 일찍 출발하자는 의견이었다. 운전대를 쥐고 있는 분이 누구인가? 감히 거스를 수 없었다. 피곤하지만 긴장감으로 피곤을 이기고 모시(Moshi)를 출발하여 탕가(Tanga)로 향했다. 나에게는 이 길이 초행길이었지만 박 선교사님에게는 수없이 왔다 갔다 하는 길이다. 그런 분에게 운전대를 맡기는 것이 가장 안전한 비결이라는 성경적 교훈이 마음을 안도케 하였다. 인생의 가는 길을 이미 알고 계신 하나님께 남은 인생의 길을 맡김이 은혜요, 축복이다.

가고 있는 길이 탄자니아에서 유일한 고속도로라고 했다. 꽤나 높은 산들이 울타리처럼 둘러싸여 있고 그 가운데로 길을 닦아서 만든 고속도로인지라 속도(시속 60~80km까지)를 제법 낼 수 있는 길이다. 특이한 것은 신호등이 드문 대신에 마을 어귀에는 어김없이 속도를 줄이게 하기 위하여 견고한 시멘트로 과속방지턱(Speed Bumper)을 높게 만들어 놓았다는 것이다. 아주 무식하게 만들어 놓은 곳에서는 육신이 춤을 추는 것과 같을 정도다. 다이어트가 별도로 필요하지 않을 정도로 차가 움직인다.

중간 휴게소에서 잠시 휴식을 취하면서 탄자니아 사람들의 주식에 해당하는 '우갈리'(옥수숫가루를 물에 풀어서 쪄낸 음식과 뜨거운 물로 데친 비름나물을 함께 손으로 먹어야 하는 음식)라는 음식과 '짜파게리'(밀가루로 부침처럼 만든 음식으로 기름기가 많이 섞여 있는 음식)라는 음식을 코카콜라(미국 산이 아니라 케냐에서 수입해 온다고 함)와 함께 시식하는 즐거움(?)의 시간도 가졌다. 솔직하게 먹기가 매우 힘들 정도였음에도 박 선교사님과 한 목사님은 아주 잘 드셨다. 순간 '나는 아직도 선교적 마음 자세와는 거리가 먼 사람이구나'라는 생각이 들어 미안하기도 했다. 이를 극복하려는 마음으로 열심히 먹기는 먹었는데… 마음이 '영' 꺼림칙해서 혼났다. A형 타입의 간염은 음식을 통해서 전염된다는 사실을 알고 있었기 때문이다.

한참을 달려오다가 화장실이 급했다. 문제는 광야를 가로질러 가는 길이기에 휴게소가 없었다는 점이다. 할 수 없이 옛날로 돌아가야 했다. 비상시국에서는 어쩔 수 없지 않은가. 차를 세우고 조금 떨어진 덤불 속으로 들어갔더니 갑자기 앞에 거대한 붉은 빛깔의 흙더미로 쌓아 올린 괴상한 형상물이 나타났다. 신기했다. 바로 '흰개미 집'이라고 한다. 작은 체구로 이렇게 큰 집을 만들 수 있는 본능을 주신 창조주의 신비한 손길을 느낄 수 있었다. 그런데 이런 비슷한 개미집들이 광야에 수없이 널려 있고 그 사이사이로 현지인들이 집을 짓고 산다고 한다. 바싹 다가가서 개미집이 얼마나 큰지 그 옆에서 인증 사진을 찍었다.

미물인 개미들이 지은 집 앞에서 있는 나의 모습이 왜 이리 초라한지…

　이렇게 점심을 현지인들의 음식으로 채우고 도착한 곳은 탕가(Tanga)에서 약 30분 정도 떨어진 무헤자(Muheza)라는 도시였다. 이 도시에는 우리 교회가 예배당 건물을 지어 준 KLPT 교회가 있으며 동시에 LSS 학교도 있다. 특별히 이 도시는 인구의 87%가 모슬렘들이기에 항상 주의가 요구되는 도시라고 한다.

　탕가 시내로 들어오기 전에 먼저 LSS 학교를 방문했다. KLPT 교회는 오는 주일(10일)에 방문하여 예배드리기로 예정이 되어 있었다. TCBC 신학교 사역과 함께 LSS 사립학교 사역은 박 선교사님의 사역 중에 가장 큰 역점 사역이다. 그렇게 잠시 둘러보면서 학교 교장 선생님과 학생들과 인사를 나누었다. 참 위대한 사역의 현상 앞에서 하나님의 위대하심과 박 선교사님의 충성스러운 모습을 느낄 수 있었다.

잠시 둘러 본 학교를 뒤로 하고 본래의 목적지인 탕가로 발길을 옮겼다. 가는 길에서 눈에 비치는 탄자니아 땅의 모습에 마음이 찡하여, 가엾음에 목이 메이는 체험을 했다. 시내에서 잠시 해야 할 일이 있기에 박 선교사님(운전하시는 분이 왕)과 함께 은행과 시청 건물, 도서관 그리고 사업체들이 있는 시내를 둘러보았는데, 그때 60년대 한국의 모습들이 주마등처럼 스쳐 지나갔다. 자동차를 파는 가게를 지나면서 자동차가 한 대도 전시되어 있지 않은 특이한 모습에 놀라기도 했다. 경제적 후진성으로 인하여 모든 차들은 서류로만 팔고 사며, 몇 개월의 긴 기다림의 시간을 지나야 차를 건네받게 된다고 한다.

탄자니아 길 옆, 눈에 비친 삶의 현장의 모습들

이윽고 자동차는 하나님의 사랑을 마음껏 체험할 수 있는 잠자리가 있는 선교사님의 숙소에 도착했다. 아담하게, 안전하게 울타리가 둘러싸여 있고, 자동차 경적소리에 경비(Security Guard) 회사에 소속된 경비원이 철문을 열어 주었다. 탄자니아에서 가장 유망한 직업 가운데 하나가 바로 경비원이라는 설명에 놀라지 않을 수 없었다. 가는 곳마다 경비원들의 싸늘한 눈초리가 문뜩 2005년도에 방문했던 카자흐스탄의 모습과도 같았다. 후진국의 특징으로 울타리와 경비 업종이 선망의 대상인 것을 들 수 있다. 사실 전능하신 하나님 한 분만이 우리 인생의 영원하고 가장 안전한 경호원(Security Guard)이 되신다는 시편의 말씀들이 우리를 더욱 안전하게 만들어 주었다.

가장 엄숙한 시간도 가졌다. 바로 박 선교사님의 아내 되시는 고 김경숙 선교사님의 묘지를 방문한 것이다. 신학교 교정 바로 옆에 안치되어 있는 미국식 묘지였다. 미국에서 여러 번 만나 뵈었던 분으로, 지난 2011년 11월 11일에 선교지인 탄자니아에서 하나님이 부르심을 받고 먼저 소천하셨다. 항상 밝은 미소를 잃지 않았던 분으로 기억이 난다. 순간 하나님의 섭리를 어찌 다 이해할 수 있으리오. 오직 하나님께만이 신비가 있다는 말씀으로 위로를 나누었다.

저녁 식사는 박 선교사님이 손수 지어 주시는 밥으로, 오랜만에 위장에도 기쁨을 주었다. 김치도, 고추장도… 한국식 저녁이었다.

탕가에서의 첫날밤이 깊어만 갔다. 다음 날 시작되는 신학교 강의에 조금은 상기된 마음이었다. 아침 9시부터 오후 3시까지 계속될 강의에 하나님의 역사가 있기를 기도하면서….

여기에 도착하기까지 한 번만 소식을 전했을 뿐 미국의 가족들에게 자주 소식을 전할 수 없었다. 휴대폰을 가지고 왔지만 로밍 요금(Roaming Fee)이 얼마나 되는지 알 수 없었기 때문에, 안락한 마음으로 자리를 잡은 뒤에 비로소 박 선교사님을 도와 함께 선교 사역을 감당하고 있는 윤여환 선교사님 부부의 도움으로 PC를 사용할 수 있었다.

<탄자니아에서의 두 번째 메일>

Hi,

On wed. I arrived at Tanga safely from Moshi on driving 7 hours. I am very fine.

TCBC Lecture will start Thurs. 9-3pm till Monday.

On Sunday, I will visit and preach the church which we have build. Pray 4 me.

How is Mom? How is weather? How is store?

There need roaming to call to America. So I will send email every night.

Also I will check our email every night.

How is meejin's study?

How is meeran's working?

How is rebekah's home coming?

Also I will try to call on by 'Kakao Talk.'

I love Hee Yun, wife, and you guys.

<Meejin Ahn으로부터 온 답장>

Hi,

That's great. How's the weather? was mt. killimanjaro great? please take lots of pictures.

Thank you for the update. I'm happy that you arrived to Tanga safely. I hope and pray lectures/sermons go well. It's so wonderful to see how God is using you to do His great works. Stay strong and healthy, dad.

We are all doing well... busy with our respective duties. I am dutifully studying and taking care of Nate. He's still a little irritable adjusting back to school. We also think he has some viral upper infection with runny nose and sore throat but he's doing okay. nothing to worry about.

Looking forward to hearing back from you again. it's great that we can still communicate via email. I guess you have great internet access there?

take care~ love you,

Meejin

왜 그리스도인들도 고난을 당하나?

2013년 3월 7일 목요일

아침 일찍부터 눈이 떠졌다. 탕가 신학교(TCBC)에서 첫 강의가 시작되는 날이라서인지 지난밤에는 잠을 설쳤다. 탕가 신학교는 1997년도에 박 선교사님 내외분에 의해서 시작된 신학교로써 그동안 열다섯 번의 졸업식을 통하여 수백 명의 하나님의 사역자를 배출한 귀한 신학교로 자리매김했다. 현재는 약 60명의 학생들이 공부하고 있으며, 학비와 기숙사 그리고 모든 식사가 다 무상으로 지급되는 신학교로써 탄자니아에서도 이름이 잘 알려진 신학교이다. 우리 주님의교회에서는 지난 12년 동안 매월 선교비로 탕가 신학생들을 돕는 선교 사역을 감당해 오고 있다. 참고로 한 학생이 한 달에 미화 50달러 정도면 공부는 물론이고 기타 제반 비용들이 다 감당된다.

   탕가 신학교의 초대학장은 박 선교사님이 하셨지만 지금은 탄자니아에서 저명한 목사님이자 오순절 계통의 교단 지도자 가운데 한 분인 George Nyuwage라는 분이 맡고 있으며, 부학장은 William

Nango라는 젊은 분으로서 영어를 매우 잘 했다. 부학장은 내일인 금요일 아침 첫 시간에 영어로 하는 강의를 통역해 주지만, 학장은 교단 총회에 참석하는 관계로 만날 수 없어서 아쉬웠다.

탕가 신학교 교정에 자리 잡은 예배당(Chapel Room)의 모습

아침 태양열이 장난이 아니었다. 오늘부터 오전 9시에 시작하여 중간에 잠시 휴식하고 오후 3시까지 신학교 단기 특강이 시작되는 날이다. 미국에서 번역한 영어 책 《Why Do Christians Suffer?》을 간추려서 영어 교재로 만들어 학생들에게 한 권씩 배부했다. 학생들 모두가 찬양으로 강의를 준비하는 모습이 정말 좋아 보였다. 통성 기도와 함께 강의가 시작되있다. 내가 한국말로 강의하면 빅 신교사님의 스와힐리어로 통역해 주셨다. 조금은 상기된 마음과 표정인지라 목소리의

톤이 높은 편이었다고 강의 후에 한 목사님께서 귀띔해 주셨다.

'왜 그리스도인들도 고난을 당하나?'라는 실제적인 문제 앞에서 학생들 모두가 신중하게 공부하는 모습을 보면서 지난날 신학생 시절 나의 모습이 떠올랐다. 추억 속에 묻혀 버린 단상들이 하나씩 생각나는 좋은 경험이었다. 역시 추억은 기쁨과 즐거움을 주기에 오늘도 탕가 신학교 강의라는 좋은 추억을 아프리카의 탄자니아에서 만들고 있는 나 자신이 감사하게 느껴졌다. 이런 기회를 주시며 섭리하시는 하나님께 영광을 돌렸다.

휴식 시간에는 현지인들이 간식처럼 먹는 '짜파게리'라는 밀떡같이 생긴 음식과 시원한 물로 에너지를 북돋웠다. 더위에 지지 않는 비결 가운데 하나는 잘 먹는 것이다. 신앙생활도 마찬가지다. 사탄의 시험이나 죄의 유혹에 지지 않는 비결 가운데 하나는 역시 영의 양식인 말씀을 잘 먹는 것이라고 하나님께서 말씀해 주시고 있다.

점심시간에는 학생들과 함께 식사할 수 있는 기회가 있었다. 점심은 '우갈리'라는 음식으로 때웠다. 옥수숫가루를 되직한 죽처럼 익힌 것과 비름나물을 푹 삶은 뒤에 소금을 약간 뿌려서 먹는 것이 전부였다. 옛날 어린 시절 한국에서도 비름나물을 먹었던 아련한 추억이 있기에 비름나물을 먹기가 그리 힘들지는 않았지만… 이제는 역시 미국 음식에 길들여진(?) 나의 입맛에는 맞지를 않았다. 그러나 오후 강의를 하려면 선택의 여지가 없기에 억지로라도 위장에 구겨 넣어야 했다. 잘 먹는 것처럼 위장하면서 준비한 손길들에게 조금은 미안한 생각이 들었다. 하나님께 용서를 구해야 되겠다는 마음이 들 정도였으니 말이다.

첫날은 "고난은 하나님의 신비다"라는 제목으로 학생들과 고난에 대하여 이런 저런 대화를 나눌 수 있었다. 그러나 짧은 시간 안에 상당한 분량의 강의를 마쳐야 하기에 많은 토론을 할 수 없음이 안타까웠다. 강의 도중에 "당신이 생각하는 그리스도인이란 어떤 모습입니까?"라는 질문을 던졌다. 저마다 그리스도인에 대하여 이렇게 저렇게 생각하고 있었다. 사도행전 11장 19-26절에 처음으로 등장하는 '그리스도인'이라는 단어와 그 안에서 말씀하고 있는 그리스도인의 의미에 대하여 상고할 때는 학생들의 눈이 번쩍거리는 것을 느낄 수 있었다. 성경적 축복관(19-20절)과 성경적 사명관(20하-21절) 그리고 성경적 인생관(22-26절)이 잘 정립되어 있는 성도가 바로 그리스도인이라고 강의했다.

"이 글을 읽고 있는 여러분들이 생각하는 그리스도인의 개념은 과연 무엇입니까?"

무더위 속에서도 강의와 신학 공부를 열심히 하는 모습으로 하나님께 영광을!

시간의 흐름에 역행할 수 있는 피조물이 없듯이, 나의 첫날 강의는 이렇게 시작하여 오후 3시가 되어 끝을 맺어야 했다.

언제나 여름인 탄자니아의 긴 오후 시간은, LSS로 이동하여 미풍이 부는 테라스에서 선교지 식구들과 함께 저녁 식사로 김치볶음밥을 만들어 먹는 즐거움의 시간을 보냈다. 해질 무렵이 되어서야 잠을 청할 수 있는 선교사님 사택으로 옮겨 왔다. 오는 도중 길가에 탄자니아의 가난하고 초라한 모습들이 보일 때마다 마음이 찡하는 아픔을 느끼면서….

<탄자니아에서의 세 번째 메일>

Hi,
It is Thursday night.
We went for dinner with 5 peoples. Restaurant is the best in Tanga.
I ate Fish dish. After dinner, we went ice-cream shop. They imported ice-cream from Kenya.

Here is too hot. Almost between 95-105 F.
But I am fine. In night time, I have a little sleeping problem. So far so good.
Already, I miss MY family.
How is everybody? How about Mr. Nate?

Tomorrow is 33th anniversary day. I miss my wife.

Sorry 여보.

I pray Meejin's final test on Monday. We should pray for her and Nate.

How is Andy? Before I am arriving, he will visit Korea. I will pray 4 his trip too.

Also, I pray that Meehyun will arrive safely home coming Sat. Mail me, meehyun.

Meeran, I am so happy you are with Mom. Mail me.

If u want call me through K-Talk, u should check Voice mail of K-Talk update is working.

Whenever you guys are driving, always be careful.

Today I led lecture 9am-3pm without AC. It was very… hot.

I lectured Korean then missionary Park translate. He was here over 18 years. So he can speak very well.

I think his ministry is very successful.

The students (about 70) are a little grayish, but they are studying very hard.

I will lecture 9:00AM-3:00PM tomorrow of course there is no Air-con. Specially, there is no translator first class. Pray for me.

I have to lecture in English. Vice president will translate into Swahili Language. Lectures will be held until next Tuesday. I hope I work out well.

I will send a mail to u tomorrow night also.
Please make Mom happy on tomorrow(March 8)
I love my family very much. I miss all of you...

Dad, from Tanga

<미현이의 답장>

Hi dad!

Sorry I haven't been really responding to your e-mails.
Kakao talk doesn't work on my phone because I'm missing some sort of chip (because I bought it off of ebay) but if I buy the chip (which is only like $5) then I can use it! So I will try to see if I can buy it soon (plus I need the chip anyways to be able to save more photos on my phone because I don't have enough memory/space).

I have been busy just studying for my organic chemistry exam tomorrow. Everyone please pray that I do well!

I'm so happy you are having a nice time in Tanzania!
Sounds like it's really hot but I'm sure God will strengthen you and keep you safe and healthy.

I will start packing after my exam tomorrow and I promise I won't miss my shuttle or train!

Love you so much and keep us updated!!

Also, take pictures of any cool animals that you see :)

<미란이의 답장>

Hi Dad!

It's great to hear from you. Sounds like it is hot over there! I'm sure your lectures are going well. Stay safe and drink a lot of water if it's hot! We will continue to pray for you over here.

Everything at home is going well. Work is fine, not too busy. Mom and I have been making juice out of kale, strawberries, bananas, yogurt and milk. It's really good. Mom went to Olive Garden with jinhwan's mom, stephanie's mom, and han sung's mom last night. She said she had fun. I think I'm getting a little sick, but I'm taking medicine now. I am also going to celebrate my birthday with my friends tomorrow night and coming home Saturday morning to help mom at work. Andy and Nate are picking up Rebekah from the train on Saturday because Nate is going to sleep over our house on Sat and Sunday so unnie can get some sleep before her test. Andy has to go do his taxes somewhere in the city so he's going to pick up Meehyun then go do his taxes and then drop off Meehyun and Nate at our house. Unnie and Andy said they will come to church on Sunday so that's good. Otherwise, no other big news. It's kind of cold here, and a little rainy, but the weather is supposed to go up to 60 degrees this weekend! I'm also going back down to DC on Monday night after unnie comes home from her test.

For tomorrow, to celebrate your anniversary, I'm going to go to junction and buy flowers for mom and just say they were from you, ok? Mom is doing fine. A little tired, but fine. She always watches korean drama until almost 11pm, so she can't be THAT tired. Anyways, keep us posted and continue to email us. I don't know how to use kakao talk correctly. I can only chat with you because I don't see a phone number with your kakao talk profile. It's kinda weird, but we can figure it out tomorrow maybe by chatting on kakao talk. Good night! We love you!

<미진이의 답장>

Happy anniversary, dad!!!
Praying for you there.. All is well here.

Meejin, Sent from my iPad

더위를 이긴 신학교 강의

2013년 3월 8일 금요일~3월 9일 토요일

연일 똑같은 날씨인지라 조금은 힘이 들었다. 이틀, 사흘씩 신학교 강의가 진행되기에 첫날보다는 좀 익숙해진 것 같은 생각에 덜 긴장할 수 있었다. 무엇보다도 하나님께서 주신 은사를 가지고 자신이 즐기는 신학 강의를 한다는 것이 행복했다. 예정한 대로 강의가 순조롭게 진행되어 매우 감사했다. 짧은 기간 동안 특강 형식으로 진행되는지라 많은 분량을 준비해 와도 다 쏟아놓을 수 없기에 안타까운 마음이었지만, 그래도 열심히 강의했다. 그동안 간직했던 노하우를 다 동원해서 말이다.

강의가 없는 오후 시간에는 박 선교사님과 탕가 시내 이곳 저곳을 구경할 수 있었다. 가장 현

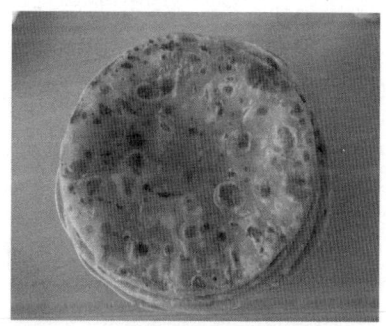

탄자니아 주민들이 긴식으로 즐겨 먹는 '싸파게리'

대화된 건물이 눈에 띄었다. 은행 건물이라고 한다. 건물 안에는 꽤 많은 사람들이 입출금을 하고 있었다. 이 은행의 최고 고객 가운데 박 선교사님이 VIP라고 하는 농담도 나눌 수 있었다. 벼룩시장(Flea Market)은 매주 금요일에 한 번씩 문을 연다고 하는데, 사람들이 상당히 붐비고 있었다. 장사하는 분들이 가지고 나온 물건들을 둘러보면서 "미국 중고품 가게(Thrift Shop) 물건이 이곳에 오면 백화점 물건이 됩니다"라는 한 목사님의 말이 진실임을 알 수 있었다.

비교적 조용한 동네에 이르렀을 때에 하늘색으로 단장한 꽤나 아름다운 이슬람 사원이 눈에 보였다. 2년 전에 새로 건축한 이슬람교 사원으로서 지금은 '알케이다 탕가 지부'가 활동하는 건물이라는 설명에 섬뜩함을 느낄 수 있었다. 약간의 과일을 사기 위하여 과일 가게를 들렀는데 과일의 형색이 그리 깨끗하지 못했으며, 맛도 그리 좋은 편은 아니었다. 미국에서 먹는 과일들이 얼마나 특상품인가를 실감할 수 있었다.

특별히 금요일 점심시간에는 선교지 식구들이 나의 결혼 33주년을 기념하여 특별 음식으로 '파파야' 과일(LSS 학교 교정에 심은 나무 가운데서 처음으로 수확했다고 함)로 축하해 주었다. 저녁은 탕가 인근에 위치하고 있는 가장 유명하고 좋은 식당에서 결혼 33주년 축하를 겸하여 선교지 식구들과 함께 오랜만에 좋은 식당에서 교제를 나누도록 박 선교사님이 주선해 주셨다. 서양식 요리를 주로 취급하는 식당으로 외면은 아프리카 탄자니아 특유의 모습으로 단장을 했으나 내면은 현대식 식당으로 잘 꾸민 곳이었다. 손님들은 사전에 예약을 해야 하고, 현지인들보다는 외국 관광객이나 이웃 나라 사람들이 많이 찾는 식당이라고 한다. 오랜만에 미국식 식사를 할 수 있었기에 위장이 기뻐하는 것을 느낄 수 있었다.

연필은 사람을 속이지 않는다는 신념으로 신학을 공부하는 학생들의 진지한 모습들

토요일 오전 8시부터 시작된 신학교 채플 예배는 그야말로 기쁨과 환희의 도가니였다. 탄자니아에는 56개의 부족들이 있는데, 각 부족들은 저들 나름대로 문화를 가지고 있다. 신학교에서 예배드리는 모습들 역시 부족들의 문화적인 관습을 초월할 수 없는 모습으로 예배를 드린다. 미국에 돌아가면 성도들과 함께 감상하면서, 우리의 예배드리는 모습에 도전을 받았으면 좋겠다고 생각하여 동영상으로 촬영하여 카메라에 담았다.

특별히 토요일 오후에는 강의를 마친 뒤에 신학교 학생들과 무더위 속에서 이열치열의 마음으로 축구 경기를 했다. 생각처럼 몸이 움직이지 않는 나이가 되어 간다고 생각하니 조금은 서글프기도 했다. 박 선교사님은 축구광이라고 불릴 정도로 선호하는 분이라서 그런지 경기 내내 쉬지 않고 뛰는 모습이 매우 부럽기도 했다. 선교지에서 사역하려면 강인한 체력이 필수 요소라고 농담을 건네기도 했다. 신학생들 가운데는 운동화나 축구화를 신지 않고 맨발로 경기를 하는 학생들도 있음을 보고 적잖이 놀랐다. 그들의 발바닥은 대체 어떻게 생겼을까? 푸른 잔디밭도 아니고 작은 자갈밭에서 하는 축구인데! 아무튼 온몸에 흐르는 땀을 주체하지 못하고 샤워를 해야만 하는 경기인지라 너무 좋은 시간이었다.

토요일 저녁에는 선교사 사택에서 온 선교지 식구들이 준비한 한식(?)으로 마친 후에 잠시 담화의 시간을 가질 수 있었다. 신학교 강의는 지금처럼 강의한다면 월요일 오전이면 종강이 될 것 같았다. 월요일 저녁은 학생들과 교수들이 함께 종강 파티를 갖기로 했다. 신학교 학생들을 위하여 염소 파티로 결정했다. 경비는 미국에서 온 필자가 감당하기로 했다. 염소 한 마리의 가격은 미국 돈으로 20달러가 되는데, 세 마리 정도면 충분하다고 했기에 약속을 했다. 기쁨으로 학생들의 배를 섬길 수 있음을 마음에 간직하면서.

문제는 화요일부터 무엇을, 어디에서 지내야 할 것인가이다. 박 선교사님과 한 목사님 그리고 김 집사님(자비량으로 선교 오신 집사님)과 의논했다. 화요일 오전에 경비행기로 탕가를 떠나서 아루샤(Arusha)라는 도시(탄자니아에서 두 번째로 큰 도시)로 이동하여, 수요일 아침부터 1박 2일로 타랑게리 국립공원(Tarangeri National Park, Safari)와 응고롱고로(Ngorongoro) 분화구를 관광하기로 결론을 내렸다. 그곳에서 직접 금요일 오후 비행기로 미국으로 돌아갈 것을 계획하고, 잠자리에 들기 전에 미국으로 메일을 보냈다.

신학교에서 점심으로 학생들과 함께 먹은 '우갈리'라는 음식

무엇보다 주일인 내일(10일)은 8시부터 학생들과 함께 LSS 학교 아침 예배를 드리고 즉시 주님의교회에서 예배당 건물을 지어 준 KLPT 교회로 이동하여 함께 예배당 완공 감사 예배를 드리기로 예정되어 있었기에 기도하는 마음으로 더운 밤을 잠으로 이겼다. 물론 두고 온 미국의 주님의교회 예배를 위한 기도가 하루도 빠지지 않았음은 말할 것도 없다.

<탄자니아에서의 네 번째 메일 >

Now, It's Friday(8일) night 9:30 PM
보내 준 메일들은 잘 보았단다. 고맙구나.
I am fine. Today 9:30-3:00PM, I lectured in English.
Tanga 신학교 교수가 탕가말로 통역해 주었단다. 열심히 공부하는 학생들이 참 많구나.
I will bring some pictures.
Lectures will end on Monday 12:30 pm. 저녁에는 아빠가 신학생들을 위하여 염소 파티를 계획하고 있단다.

On Sunday, I will visit and preach at the church that our L.C.C. support. 사진을 찍어 가지고 갈게.

There is 'wonderful news'. I will leave Tanga on Tuesday Morning. I will not come back to Tanga any more.
we will stay over there unill Friday, last day in Africa.
I will travel to 'Wild Safari' and 'Ngorongoro' far from here. I

will take a lot of pictures for you.

And I will visit some kind of 'Tarangeri National Park' too. Pray 4 this plan.

여보, Happy Anniversary! I miss u so much.
Was it good dinner with 여자 집사님들?
이제 다음 주말이면 집에 도착한다고 생각하니 감사할 뿐이오. 역시 당신이 있는 집이 최고야.
오늘 점심에 이곳 선교 가족들이 축하 점심식사를 장만해 주었다오.

메일은 하루에 저녁 시간에 한 번밖에는 사용할 수 없단다. 그래서 저녁 시간에만 보내는 거란다.
화요일(12일)에 다른 곳으로 옮기면 어쩌면 메일로 연락이 될지 모른다. 하지만 최선을 다해 연락을 취할게.

미현이도 토요일에 집에 잘 도착하기를 위하여 기도할게. 조심하고 항상… 엄마 일도 많이 도와주기 바란다.

미란이도 수고가 많구나. 월요일에 내려간다니 고맙구나. 건강 조심하고….
금요일 저녁 파티에도 조심하고. Happy Birthday!!!!!
치과에는 갔다 왔는지?

미진이는 오는 월요일(11일)에 하나님의 도우심으로 마지막 시험을 잘 치를 수 있기를 확신한다.

담대하게 시험을 치르거라. 그리고 기도하거라. Nate 사진을 보니 더 많이 자란 것 같구나. Andy와 함께 교회 올 때에도 잘 오거라. 그럼 또 연락할게….

사랑하는 아빠로부터

<미현이의 답장>

한국말 typing 연습 하고 싶어서, 이제 한국어로 e-mail 보낼 거예요! 많이 틀릴거니까, 잘 봐주고….

오늘 아침에 organic chemistry 시험 보고 지금 짐 싸는 중이에요.
그리고 여기 눈이 한 8-9in 온 것 같아요!
어제 잠 많이 못 자서 오늘 일찍 자고, 내일 new haven 기차 정거장으로 shuttle이 아침 10에 출발하고, 기차가 12:30에 떠나고 philadelphia 에서 3:30에 도착!

아빠가 잘 지내고 있으니깐 너무 기쁘고, 동물들 사진 많이 찍어 주세요!
다음 주 엄마랑 잘 지내기 위해 기도해 주고….
아빠 보고 싶고 사랑해요!

— 미현이로부터

<탄자니아에서 다섯 번째 메일>

보고 싶은 가족들에게

집을 떠난 자만이 집을 그리워할 수 있는 특권이 있구나.
미국은 매우 추운데 여기는 너무도 덥구나. 낮에는 90도 이상 올라가고 밤에도 85도가 되는구나.
지금은 토요일 밤이란다. 오전에 강의하고 오후 4시경에 학생들과 축구를 했더니 더 더운 것 같다. 아빠는 건강하게 잘 지내고 있단다.

내일 주일에는 예배가 두 번이나 있단다. LSS 중고등학교 예배와 우리가 지어준 교회(KLPT)에서 예배를 드릴 예정이다.
월요일 오전에 신학교 강의가 끝이 나고 짐을 싸야 한다. 화요일에 작은 비행기로 2시간 정도 북쪽으로 이동하여 사파리를 1박 2일로 가야 하기 때문이란다.
탕가로 오지 않고 거기서 직접 금요일에 미국으로 갈 예정이란다.
모든 여정이 안전하게 되어질 수 있도록 기도를 부탁한다.

미현이도 오늘 도착하겠구나. 잘 도착하리라 믿는다.
미란이는 엄마와 수고가 많지. 생일잔치 잘 하고.
미진이는 월요일에 시험 잘 볼 것이라 확신한다.
혼자 힘들게 일하는 당신에게 미안하기도 하구려.
다음 주말이면 돌아갈 예정이오니 건강 조심하세요.

탕가 지역을 떠나면 연락이 쉽지 않을 것 같은데… 아무튼 궁금하지 않도록 연락할게.

사랑하는 아빠로부터

<미현이의 답장>

아빠, 나 집에 잘 도착했어요!
philadelphia가 connecticut보다 확실이 더 따듯해요.
가차가 더 확실히 편해요.
엄마가 나 집에 오니깐 어젯밤 한국 음식을 많이 만들어 줬어요.
오늘 저녁 맛있는 삼계탕 그리고 떡볶이 먹었어요.

safari 조심하고, 날씨가 더우니깐 물도 많이 마시고
음식은 맛있어요? 무슨 음식 그리고 어떻게 생겼어요?

내일 주일날이니깐 아빠가 없어서 약간 어색하겠지?
아빠 없이 교회 잘 하겠습니다.
내일도 mr. Nate 올 거니깐 너무 좋아요!

아빠 또 연락 기다릴게요!
we love you and miss you!

from Meehyun

LSS의 예배, KLPT 교회 예배당 완공 감사 예배

2013년 3월 10일 주일

소풍 가기 전날의 어린 동심이 용솟음치는 아침이었다. 간략하게 개인적인 새벽기도를 마치고 LSS 학교 주일 예배에 참석하기 위하여 서둘러야 했다. 역시 오늘도 태양은 우리를 반갑게 그것도 아주 뜨끈뜨끈하게 맞이해 주었다.

미국의 교회에서는 둘째 형님인 안영균 목사님께 주일 설교를 부탁드렸다. 예배 인도는 서동찬 집사님이 수고하시도록 말씀드렸다. 몸은 멀리 아프리카에 와 있지만 역시 본 교회를 염려하는 마음은 하나님께서 주시는 아름다운 마음이라 생각하니 감사가 절로 난다.

오전부터 급하게 서둘러 LSS 학생들과 함께 채플실(Chapel Room)에서 예배드리는 감격을 맛보았다. 240명의 학생들과 교직원 그리고 선교지 가족들과 함께 진지하게 예배드릴 수 있음이 얼마나 감사한지! 찬양을 부르는 어린 학생들의 진지함 속에서 믿음의 귀함과 한 국가의 미래의 모습이 보였다. 이를 위하여 땀 흘리는 선교지 가족들의 열심과 사랑을 볼 수 있었다. 어린 시절 한국에서 Y.F.C. 토요 집회에 참석하여 찬양과 성경퀴즈대회에 참여했던 기억들이 겹쳐져 주마등 같이 지나갔다. 성령의 말할 수 없는 탄식의 기도가 나의 마음속을 휘젓고 다녔다.

LSS 학교 학생들이 매 주일 드리는 예배 광경이 너무 아름답다

"하나님, 저들 가운데서 아브라함과 같은 믿음의 용사가 나오게 하소서. 다윗과 같은 낙관적인 지도자가 나오게 하소서. 모세와 같은 민족의 지도자가 나오게 하소서. 이름 없이 빛도 없이 감사하며 주님을 섬길 수 있는 주의 종들이 배출되게 하소서. '주님 내가 여기 있나이다. 나를 보내소서'라고 외쳤던 이사야와 같은 신지자들이 나오게 하소서. 이 나라의 미래를 책임질 수 있는 민족의 영웅호걸들이 배출

되는 LSS 학교가 되게 하소서. 이를 위하여 땀 흘리는 박 선교사님과 다른 선교지 가족들에게 용기와 담대함과 믿음의 견고함을 부어 주소서. 영광의 길 가기 전에 갈보리 길 걸어가는 저들의 걸음을 축복하옵소서. 탄자니아의 선교 사역이 하나님의 영광의 도구가 되게 하소서. 잠시 스쳐 지나가는 바람 속에서도 하나님의 창조 섭리의 숨결을 느낄 수 있을진대, 부족한 종과의 만남을 통해서도 하나님의 역사가 일어나게 하옵소서. 감사하며 예수님의 이름으로 간절히 기도합니다. 아멘!"

예배를 마치기가 무섭게 기도하고 만나기를 원했던 KLPT 교회로 발걸음을 옮겼다. 전날 밤에 약간의 폭우로 인하여 막힌 곳을 피하여 가느라 가는 길에 시간이 지체되기도 했다. 사회주의 정치 시스템을 채택한 관계로 모든 땅은 개인의 소유가 될 수 없다. 단지 정부로부터 사용료를 내고 장기간 대여해서 사용하는 것이 전부였다. KLPT 교회 역시 정부로부터 교회 부지를 대여하여 지난 1년 동안 미국의 주님의교회가 보내 준 건축헌금으로 예배당을 완공했다. 탕가의 TCBC 신학교의 학장 추천으로 KLPT 교회의 예배당을 지어 줄 수 있었다는 박 선교사님의 설명을 들었다. 지금 이 교회가 위치하고 있는 동네는 90% 정도가 이슬람교를 믿는 모슬렘이라고 한다. 복음의 불모지에 하나님의 교회가 그것도 주님의교회에서 지어 준 예배당 건물이 들어선다는 그 자체가 이미 하나님의 선교의 시작임을 알려 주기에 마음이 흐뭇함으로 가득 찼다.

무헤자에 위치한 KLPT 교회 성도들과 함께

　손님을 맞이하려는 탄자니아 교회의 성도들의 따스한 준비를 보면서 믿음의 동질성으로 인하여 주 안에서 하나가 될 수 있음을 다시 한번 체험했다. 교회란 무엇인가? 승리하는 교회 생활을 위한 교훈이 중심은 에베소서의 말씀 가운데 "성령의 하나 되게 하신 것을 힘써 지키라"는 말씀이 가슴 속에서 솟아남을 느꼈다. 탄자니아 성도들의 찬양하는 모습을 보며 우리의 경직된 찬양의 모습이 부끄럽기까지 했다. 사모님(Mrs. Kajiru)의 찬양 인도하는 모습은 옛날 다윗 왕이 법궤를 시온 산성으로 옮기면서 백성들 앞에서 창피함을 뛰어넘어 춤을 추었다는 말씀을 기억나게 하기에 충분했다. 무더위 속에서 힘을 다하여 찬양하는 아프리카만의 득유의 율동은 그야말로 감탄을 절로 자아내게 했다. 우리는 이미 몸이 굳어졌기에 함께 유연한 율동을 따라 할 수는 없었지만 KLPT 교회 성도들과 어린 자녀들은 그야말로 영화 속에서나 볼 수 있는 그런 예배, 아프리카 가운데서도 탄자니아 특유의 예배를 하나님께 드렸다.

"그날 밤에"라는 제목으로 사도행전 23장 11절의 말씀을 가지고 힘겹게 교회를 개척하며, 마을의 복음화를 위하여 수고하는 성도들과 Kajiru 담임목사님을 위로하였다. 그리고 도전을 주었으며, 하나님의 신실하심에 우리의 인생은 물론이고 교회의 사역을 맡기라고 권면했다. 앞에 있는 홍해 때문에, 앞에서 소리치는 골리앗 때문에 뒤에 서 계신 하나님을 놓치지 말고 믿음의 길에서 승리하기를 소원했다.

주님의교회가 지어 준 KLPT 예배당 앞에서, 창문은 케냐에서 도착할 예정이라고 함

특별히 이번 선교 여행은 선교에 급하신 하나님의 손길을 체험하

는 계기가 되었다. KLPT 교회가 건물을 다 지었으나 경비 부족으로 인하여 예배당 안 바닥 공사를 마치지 못했다는 소식을 오기 전에 박 선교사님으로부터 들었다. 공사 경비로 미화 약 3,000달러 정도가 소요된다고 한다. 그 소식이 마음의 무거운 짐으로 남아 있었다. 짐을 옮길 수 있는 유일한 방법은, 기도라는 무기를 사용하여 그 짐을 예수 그리스도의 십자가 아래로 가져가는 것뿐이다. 미국으로 출발하기 전부터 '이 문제를 어떻게 도울 수 있나?'라는 제목으로 하나님께 기도하기 시작했다. 기도는 간증을 낳는 힘이 있음을 체험했다. 기도는 축복의 마중물임을 믿는 견고한 믿음으로 재무장했다.

이번 선교 여행을 준비하는 중에 지난해 10월에 《Why Do Christians Suffer?》라는 Theodore H. Epp 목사님이 쓰신 고전에 가까운 책을 접하게 되었다. 읽어 가면서 은혜를 만끽하는 동안 하나님께서 나의 마음에 혼자 은혜 받지 말고 한글로 번역을 해서 여러 믿음의 식구들과 함께 은혜를 나누면 좋겠다는 생각을 심어 주셨다. 즉시 번역을 추진하기로 마음을 정했다. 연말 연시인 관계로 차일피일 번역이 늦어지고 있었으나 중단하지는 않았다. 틈틈이 시간을 내서 번역을 하면서 나 자신의 영어 실력도 테스트할 수 있었고, 은근과 끈기의 한국인의 근성이 아직 남아 있음을 실감할 수 있었다.

이렇게 번역하던 사역이 지난 2월 초순에 마치게 되었다. 《왜 그리스도인들도 고난을 당하나?》라는 제목으로 번역을 완성하여 책으로 엮을 수 있었다. 순간 하나님께서 주시는 선교의 지혜가 생각났다. 평소 선교에 관심을 가지고 계셨던 이웃 분들과 주님의교회 성도들에게 선교의 긴박성과 하나님의 급한 선교적 마음을 소개하고 예배당 바닥 공사를 위한 선교비를 부탁드리기로 했다. 25권 정도를 빌간했다. 주님의 권고하심(눅 19:44)을 기다리는 성도들의 마음을 성령님께서 움직여 주시리라 믿었다. 기도하는 마음으로 20여 분의 믿음의 가족들에게 편지 한 통과 함께 책을 발송해 드렸다.

역시 하나님의 뜻에 합당한 사역은 하나님께서 채워 주신다고 믿었던 중국 선교의 창시자인 허드슨 테일러의 하나님은 나의 하나님도 되심을 체험했다. 모두 열두 분께서 100달러에서부터 1,000달러까지 사랑의 선교 헌금을 보내 주셨다. 더욱 감사한 것은 빌립보서 4장 19절 "나의 하나님이 그리스도 예수 안에서 그 풍성한 대로 너희 모든 쓸 것을 채우시리라"는 말씀이 그대로 실현되는 놀라운 체험을 주셨다는 사실이다. 하나님께서 KLPT 교회가 예배당 바닥 공사를 위해 필요한 삼천 달러를 넘겨서 채워 주셨다. 그 전액을 KLPT 교회에 전달해 드리는 기쁨을 나누었다.

"Bwana Ashifiwe!(Praise the Lord!) 지면을 빌려서 이번 선교의 대열에 동참하신 하나님의 가족들 모두에게 감사의 마음을 전하고, 이 보고서가 완성되면 보내 드리리라고 약속드립니다(이번 선교 여행의 총 경비는 6,550달러가 소요되었습니다)."

예배를 마치고 점심식사 초대를 받아 바로 옆에 있는 목사님의 사택(이 사택도 주님의교회에서 구입해 드린 집이다)으로 갔다. 귀한 손님들이 오시면 집에 사육하고 있는 염소나 닭을 잡아서 음식을 장만해 대접한다고 한다. 염소가 없는 관계로 우리를 위해서는 목사님 집에서 기르고 있던 아프리카 토종닭을 잡아서 요리한 닭도리탕과 바나나 그리고 탄자니아에서 생산되는 쌀로 지은 밥이 전부였다. 귀한 손님이 오셨다고 사모님께서 손수 요리한 음식을 먹기 전에 먼저 손 닦을 물을 공급해서 섬기고 그다음에 감사기도를 드리는데, 탄자니아에서는 음식을 요리한 안주인이 주로 감사기도를 드린다고 한다. 사모님의 간절한 기도가 지금도 마음속에서 여운으로 남아 울리는 것 같다.

Kajiru 목사님과 사모님 그리고 4명의 자녀들이 기거하는 사택 앞에서

　기도 후에는 먼저 손님들이 음식을 들게 하고 가족들은 손님들이 다 먹고 난 뒤에 음식을 먹는다고 한다. 주인과 손님이 식탁을 함께하지 않는 것이 최고의 예의를 갖추는 것이라고 한다. 귀한 식탁을 앞에 놓고 짧은 감사의 상념이 머리를 스쳤다. 후일에 주님께서 약속하신 대로 천국의 식탁이 우리 앞에 놓일진대, 이 땅에서 이런 교제의 식탁 연습을 잘 하다가 하나님의 초청에 응답할 수 있기를 소원했다.
　모든 아쉬움을 뒤로하고 '회자정리'라는 말처럼 우리는 또 다른 사역을 위하여 KLPT 교회를 떠나야만 했다. 점점 멀어지는 교회의 건물과 손을 흔들어 답례하는 사랑하는 성도들의 모습을 연신 카메라에 담으면서 떠나는 발걸음이 그리 가볍지는 않았다. 그러나 '이 땅에서 다시 만나지 못한다면, 훗날 천국에서 오늘 만난 모든 분들을 꼭

손님을 위해 최고로 귀한 음식을 대하면서

만날 수 있기를 위하여' 기도하면서 자리를 떠났다. '천국에서 우리가 해야 할 찬양의 모습은 탄자니아 성도들의 모습일까요, 아니면 미국에 사는 우리들의 찬양의 모습일까요?' 탄자니아에는 56개 부족들이 살고 있는데, 그들 모두는 특유의 몸동작과 독특한 음성으로 하나님을 찬양하고 있기에 이런 생각이 떠나질 않았다.

숙소로 돌아오는 길가에는 여전히 그리스도의 복음을 필요로 하는 수많은 사람들이 왕래하고 있었다. 붉은색의 벽돌로 지어진, 그러나 허물어지는 집을 고칠 생각조차 못하는 탄자니아 사람들의 삶의 모습들이 달리는 차의 창문을 파고 들어왔다. 하루의 삶을 위하여 재봉틀을 집 앞에 내놓고 손님을 기다리는 사람들, 비름나물을 작은 광주리에 담아 와 팔고 있는 사람들, 할 일 없이 지나가는 사람들을 물끄러미 바라보는 사람들, 이들 모두가 하나님의 사랑과 은혜를 받기 위해 태어난 사람들임을 다시금 생각했다. 이들 모두가 마음속에 '거대한 부담감의 그림자'처럼 말이다. 혹자는 말하기를 부담감이 사명이라고 했다던데, 하나님께는 영광이요, 우리에게는 은혜와 축복의 한 날이 되었다.

늦은 시간 PC 앞에서 미국으로 오늘의 감상을 전하는 내 모습 속에서 또 다른 믿음의 세대들이 생겨날 것을 기대해 본다.

<탄자니아에서 여섯 번째 메일>

Hi,
어제 토요일 저녁은 인도양(바다)을 끼고 있는 작은 식당에서 식사를 했는데, 영어 발음 소리가 들리더구나. 반가웠단다. 유럽계 백인들이더구나.
식사 때마다 사진으로 담고 있단다.
아빠는 so far 잘 지내고 있단다.

지금 메일을 쓰고 있는 시간이 이곳 시간으로 주일 밤 9시 30분이다. 미국에서는 교회 예배를 드리는 시간이겠구나.
모든 교회 가족들과 우리 식구들이 잘 감당하리라 믿는다. 기도할게.
예배 드리 후에 소식 좀 전해 주렴

다음주 토요일에 Andy가 한국에 가는데 결혼 축의금을 엄마보고 챙겨서 주라고 하렴.
미현이가 집에 잘 도착하여서 아빠는 매우 기쁘다. 한국말 메일도 고맙고…. 제법인데…?
미란이는 월요일에 내려간다니 조심하거라. 필요한 것이 있으면 엄마하고 상의해서 가져가렴.
생일에 아빠가 있지 못해서 미안하구나. Happy Birthday!!!!!

특별히 미진이가 월요일에 시험을 잘 치를 수 있도록 아빠가 멀리서 간질하게 기도할게. 담대하게 힘 잃지 말고 잘 감당하리라 믿는다.
Nate는 잘 지내고 있겠지?

사랑하는 아내 역시 안녕하시지요?

오늘 오전에 중고등학교와 우리 교회에서 지어 준 교회 예배에 참석했단다. 사진에 담아서 가져갈게. 예배를 드리는 모습이 우리와는 아주 다르구나.
교회의 형편이 우리가 생각했던 것보다 더 힘들고 어렵더구나.
음식을 차려 주어서 먹었는데 마음이 영…아니더구나.

월요일에 마지막으로 오전에 강의하고 오후에는 시내 구경을 할 예정이다.
저녁에는 6시부터 내가 가져온 돈으로 신학교 학생들을 위해 파티를 열어 줄 것이다(염소 3마리).

파티가 끝나면 짐을 꾸리고, 화요일에 작은 비행기로 '아루샤'로 이동하여 하룻밤을 자고, 수요일 아침에 Safari 관광을 출발하여 한 밤을 자고 목요일 오후에 '아루샤'로 돌아오게 되어 있단다.
금요일 오전에 잠시 시내 관광을 하고 저녁 6시 비행기로 돌아갈 예정이다. 위해서 생각날 때마다 기도 부탁한다.

이제 며칠만 지나면 만날 수 있다는 생각에 매일 감사의 기도를 드리고 있단다. 엄마에게 많이 위로해 주렴.

그럼 또 소식 전하기로 하고

탄자니아 탕가에서 아빠가

<미현이의 답장>

오늘 교회 잘 끝나고 서동찬 집사님이 잘 하셨어요.

큰아버지 그리고 큰엄마가 둘이 오셨어요. 그리고 plus 한성이 엄마하고 아빠도 오셨어요.

오늘 저녁 언니들과 mr. Nate하고 미란 언니 생일 파티 할 거예요.

맛있는 coconut cake 샀어요!

진환이도 아빠한테 kakao 문자 했다고 했는데, 잘 받았어요?

그리고 토요일 아빠 올 때 피곤해서, 집으로 잘 운전할 수 있을까요? 아니면, 미란 언니가 공항으로 갈 수 있다고 했는데… 그렇게 할까요?

미란 언니가 공항 아니면 baltimore 기차 정거장으로 갈까요?

safari 조심하고 아빠를 위에 매일 기도해요!

사랑하는 가족이

마사이 부족 스타일의 염소 구이를 즐기며

2013년 3월 11일 월요일

오늘은 탕가에서의 마지막 날이다. 신학교 강의도 낮 12시 30분경이면 끝날 것 같다. 마지막이 아름다워야 진정 아름다운 것이라는 생각에 최선을 다하여 마지막 강의를 끝냈다. 학생들을 향해 모든 고난에는 하나님의 선하신 뜻이 담겨 있음을 잊지 말자고 강조했다. 고난의 갈보리 길은 부활의 영광의 길로 인도하는 길목임을 항상 간직하고 살자고 했다. 이런 주의 종들은 후일에 "이는 너희 수고가 헛되지 않음을 알리라"는 말씀의 종으로 살 수 있다고 전했다. 모두들 지난 한 주간의 강의로 다져진 그리스도인의 형제 사랑으로 인하여 마지막의 서운함과 안타까움이 교차되는 모습을 남겼다.

저녁 시간에는 약속한 대로 신학생들과 교직원들과 함께 '염소 파티'를 갖기로 했다. 특별히 오늘 저녁은 동부 아프리카에서 가장 호전적이며 전투에 능하다는 소문을 들었던 '마사이 부족' 출신의 신학생이 염소 요리를 감당하기로 했다. 한국처럼 지방마다 요리의 특색이 있는 것처럼 탄자니아도 역시 부족마다 같은 재료를 가지고도 요리하는 방법이 다르다고 한다. 기대를 해봄직하다고 박 선교사님이 귀띔해 주었다.

모든 강의를 마치고 홀가분한 마음으로 시내로 갔다. 오늘 점심은 박 선교사님이 자주 찾

탕가 시내의 무명의 식당에서 먹었던 인도양 생선 요리

는, 현지인이 운영하는 시내의 작은 식당에서 물고기로 만든 음식을 먹기로 하여 박 선교사님, 한 목사님과 함께 탕가 시내로 갔다. 60년대 한국의 모습과 흡사했다. 한국이나 미국에서는 이미 골동품이 된 선풍기가 천장에 매달려 힘겹게 돌아가고 있었다. 한구석에 놓여 있는 브라운관 TV는 도둑을 막기 위하여 문짝을 만들어 놓았다. 마침 이웃 나라인 케냐의 대통령 선거 결과를 보도하고 있었다. 탄자니아는 아직 공업화가 이루어지지 않았기에 모든 공산품의 대부분을 케냐에서 수입하여 사용하고 있기 때문에 이웃 나라의 정치 소식에 매우 민감하게 반응하는 것을 볼 수 있었다.

생각했던 것보다 음식은 맛이 있었다. 쓸데없는 편견은 항상 얼굴 붉힘의 원인이 되기에 조심해야겠다는 생각을 하면서 맛있게 먹을 수 있었다. 편견을 극복했던 초기 안디옥 교회가 세계 선교의 전초기지로 발탁됨은 결코 우연이 아님을 생각했다(사도행전 11장).

탕가 시내는 주로 작은 15인승 미니밴이 시내버스로 활용되고 있었다. 한국의 '콩나물 시루'같이 승객들을 태우고 곡예를 하듯이 시내를 질주하는 모습이 이채롭다. 또한 삼륜차도 볼 수 있었고, 타 국에서는 좀처럼 보기 힘든 오토바이 택시도 볼 수 있었다. 요즈음에는

중국에서 만들어진 오토바이가 물밀듯 들어오는 관계로 소음과 오염이 심각해진다고 한다.

인도양을 볼 수 있는 탕가 시내에서의 마지막 일정이기에 답례품을 살 만한 곳을 찾았다. 마사이 부족들이 과거에 사용했다고 하는 망치 모양의 에보니 나무(겉은 일반 나무 색깔인데 속은 검은 색을 띤 나무의 일종)로 만든 도끼 형상의 무기도 볼 수 있었고, 탄자니아 특유의 여러 작품들(?)을 감상할 수 있는 기회가 되었다. 한쪽 구석에서는 젊은 사람이 채소(비름나물)와 곡물류를 팔고 있었다. 한국의 재래시장의 옛 모습을 연상케 했다.

탕가 시내 중심부에 있는 야채와 곡물 시장의 모습

탕가 시내에서의 모든 일정을 서운한 마음으로 끝마치고 저녁에 있을 염소 파티를 준비하고 있는 신학교 교정의 뒤뜰로 갔다. 이미 세 마리의 염소들은 제물이 되었고, 살코기가 익는 냄새가 진하게 코끝에 진동했다. 털과 가죽을 벗겨 낸 뒤 살코기만을 나무에 꿰어서 가운데에 불을 피우고 그 주변에 고기를 세워 놓고 익히는 것은 마사이 부족들이 옛날부터 지금까지 사용하는 요리 방법이라고 한다. 서서히 그러나 확실하게 익히는 모습이 그들만이 사용하는 '뽈레 뽈레'의 의미를 생각나게 했다. 인증사진을 찍기 위하여 이리저리 옮겨 다니는 모습이 진한 연기를 피하는 모습이 되고 말았다. 마사이 부족들의 요리 모습을 미국에서 자라고 있는 자녀들과 성도들에게 보여 주어야 하겠노라고 연신 사진기를 눌러 대는 모습이 신기한지 신학교 학생들이 물끄러미 쳐다보고 있었다.

마사이 부족 출신의 신학생 청년과 함께 요리하는 광경

오늘 저녁은 그야말로 보기 드문 '만찬'이 될 것이라는 박 선교사님의 말에 조금은 흥분되었기에 기다리는 시간이 길게 느껴졌다. 열심히 준비하는 요리사 덕분에 탕가에서 마지막 식사로 맛있는 음식을 먹을 수 있음이 행복이요, 기쁨이었다.

저녁 시간이 되어 모든 신학생들과 교수진 그리고 선교지 가족들과 함께 식당에서 염소 파티를 즐기는 동안 전기 부족의 심각함을 보여 주듯이 갑자기 정전이 되었다. 한국에서의 어린 시절이 문득 생각났다. 늦은 시간까지 공부하다가 전기가 끊어지면 잠을 자야만 했던 가난한 시절 말이다.

한참 뒤에 전기가 들어오자, 그동안 수고했다고 하면서 신학교 학생들이 손수 그린 세 편의 페인트 그림과 사모님을 위한 사랑이 담긴 작은 바구니 한 개와 커다란 밥주걱을 선물로 주었다. 그림 가운데 가장 재미있고 의미 있는 하나가 있다. 이스라엘 백성들이 하나님의 은혜와 능력으로 홍해를 건너는 모습이다. 아래 사진 가운데 왼편에 있는 그림이다. 애굽의 모든 군대와 말들이 홍해에 수장되는 모습이 사실적으로 그려져 있고, 이스라엘 백성들은 홍해를 건너게 해주신 하나님 앞에 엎드려 찬양하고 감사하고 감격하는 모습이 너무도 감동적이다. 특이하고 재미있는 표현은 등장하는 모든 사람들의 얼굴 색깔이 검게 표현되어 있다는 사실이다.

지난 1992년에 신학교 학습 과정의 일환으로 이스라엘과 그리스와 이집트를 순례할 수 있었다. 특별히 이스라엘 성지 순례 때에 주기도문 교회를 들른 적이 있다. 그때에 각국에서 그 나라의 고유한 글로 주기도문을 새겨 넣고 그 옆에 마리아가 아기 예수를 안고 있는 그림을 기증받아 전시해 놓은 곳에 갔다. 백인들은 백인의 색깔로, 흑인들은 흑인의 색깔로, 황인들은 황색으로 제각각 마리아와 아기 예수를 그린 것을 보고 조금 놀란 적이 있었다. 물론 예수님은 셈족 계통의 피부색을 가지고 계셨을 것임에 틀림이 없을 뿐만 아니라, 사마리아 성의 우물로 물 길러 왔던 여인이 예수님을 유대인으로 금방 알아본 것처럼 전형적인 유대인의 모습을 간직하셨을 것임에도 민족적인 편견을 버리지 못함이 우스웠다.

선물로 받은 그림 세 점은 함께 동행하셨던 한종태 목사님의 넓은 양보로 모두 필자의 집에 보관되어 있는데, 곧 약식으로 액자를 만들어 가족실(Family Room)에 비치하려고 준비 중이다.

손수 그린 그림 세 장을 선물로 주는 학생들의 사랑에 감사하며…

이렇게 탕가에서의 마지막 밤은 깊어 가고 있었다. 모든 공식적인 일정을 다 마치고 헤어지기 섭섭하여 마지막 악수와 포옹으로 일일이 인사하는 우리의 모습을 하나님께서 귀히 여겨 주실 것이라 생각하면서 모든 작별 인사를 마치고 피곤한 육신으로 숙소에 돌아왔다.

지금 이 시간에는 큰 딸인 미진이가 의과대학 졸업 시험(STEP 2)을 치르는 시간임을 생각하면서, 내일 동편 하늘에 태양을 떠오르게 하시는 하나님의 섭리와 인도하심을 간구하면서 탕가에서의 마지막 밤을 지내고 있었다.

<탄자니아에서의 일곱 번째 메일>

Hi, 모든 가족들에게
탕가에서의 마지막 밤을 지내고 있다. (여기는 월요일 저녁이다)
가족들 모두 잘 있다는 소식에 감사하구나.

지금쯤에는 우리 미진이가 마지막 시험을 보느라 수고를 할 시간이구나.
반드시 하나님께서 은혜 주셔서 잘 pass할 것이라고 확신한다.
메일을 쓰는 이 시간에도 아빠는 간절한 마음으로 기도하고 있단다.

미란이도 저녁 시간에 DC로 가는데 조심하기 바란다.
어제(Sunday) 미란이 생일 파티는 즐거웠겠지?

Nate도 잘 지내고 있으며 사진을 보니 많이 큰 것 같구나.

주일 예배를 잘 마쳐서 감사하고. 수고한 모든 성도들에게 감사드린다고 전해 주기 바란다.
개인적으로 메일을 보낼 수 있는 상황이 아니라서 보내지 못한다고 전해 주렴.

  엄마가 수고가 많겠구나. 여보, 사랑하고 또 미안하기도 해요. 보고 싶기도 하고…

  이곳에는 카카오톡으로 메일이 오지 않는다. 로밍 요금(Roaming Charge)이 비싸다고 하는구나. 진환이에게 전해주렴.

  오늘 낮 시간으로 모든 일정을 마치고, 점심은 현지인이 운영하는 시내의 식당에서 fish를 먹었단다. 저녁에는 아빠가 염소 3마리를 사서($ 60 Dollars) 신학교 학생들과 교수들에게 파티를 해주었단다. 그리고 학생들이 손수 그린 그림과 바구니와 주걱을 선물로 받았단다.

  집에 가져갈 선물이 무엇이 좋을지… 엄마와 의논해서 메일해 주면 도움이 되겠구나.

  아빠는 내일(화) 아침 비행기로 북쪽에 있는 '아루샤'라는 도시로 갈 것이다.

  거기서 하룻밤을 자고, 수요일 아침에 Tarangeri Wild Safari와 Ngorongoro 분화구를 1박 2일로 관광하게 될 것이다.

  목요일에 오후 늦게 다시 '아루샤'로 돌아와 YWAM 선교사님으로 오랜 세월 이 땅에서 선교하시는 최재선 선교사님 가정에서 한식으로 저녁 식사를 마치고 숙소로 돌아와 쉬고, 금요일 오전에는 '아루샤' 시내 관광이나 아니면 '마사이 부족들'에게 선교하고 계신 여자 선교사님의 안내로 그 마을을 돌아볼 예정이다.

  그리고 오후에는 공항으로 이동하여 저녁 6시 비행기를 타는데(Ethiopian Air), Dulles International Air Port에 미국 시간으로 토요일 아침 9시경에 도착할 예정이다.

조금은 피곤하겠지만(so far I m fine!) 미란이를 만나서 함께 집으로 올라가는 방법은 미국에 도착하는 즉시 미란이와 통화해서 결정하는 것이 좋겠다는 생각이다.

탄자니아의 특산물은 커피와 검은 나무인 에보니(Ebony)로 만든 조각품들이란다.
커피는 사 가지고 갈 것이고, 다른 것들은 몇 개 구입을 했는데….

어쩌면 내일 저녁에는 메일을 보낼 수 없을지도 모른다. 전화로 통화할 수 있도록 노력해 볼게…. 한 주일이면 다시 만날 수 있기에 기쁨이 앞선다.

탄자니아 탕가에서 아빠로부터

<미현이의 답장>

엄마가 cushion cover가 좋을 거라고 생각을 했는데….
미란 언니 DC에 잘 도착했고요.
미진 언니가 시험 보고 너무 피곤해서 오늘도 Nathanael하고 집에서 잘 거예요.
그러나 Nathanael은 내일 학교 가야지!

내일부터 엄마랑 같이 가게 봐야지요.
이번 주 엄마랑 잘 지내게 기도해 주세요!

아빠, 항상 조심하고 또 연락할 수 있을 때 e-mail 보내 주세요!
좋은 시간 보내는 것 같으니까 다행이에요!
we love you so much! e-mail 또 보내 주세요!

from Meehyun

작은 비행기에 몸을 맡김이 두려운 하루였지만

2013년 3월 12일 화요일

태어나서 타 본 비행기 중에 가장 작은 비행기를 타고 탕가(Tanga)에서 탄자니아에서 두 번째로 큰 도시인 아루샤(Arusha)로 이동해야 하는 날이다. Coastal Aviation이라는 회사에서 운영하는 15인승 세스나 비행기가 우리를 기다리고 있었다. 조금은 흥분되고 상기된 기분으로 아주 작은 그러나 탕가에서 유일한 비행장으로 갔다. 조종사와 승객들이 서로 대화를 주고받을 수 있는 정말 작은 경비행기였다. 그것도 탄자니아에서 처음 타는 비행기인지라 걱정도 되었다.

오전 10시 10분, 박 선교사님 그리고 선교지 가족들과 다시 만날 기약을 하면서 비행장에서 작별 인사를 마치고 지난 1주일간의 석별의 정을 나누었다. 서로 가야 할 길에 하나님의 구름 기둥과 불기둥의 인도하심을 기도하면서. 이윽고 비행기의 프로펠러 소리에 단지 우리 일행 3명과 1명의 조종사를 태운 비행기는 탕가 시내 한복판을 가로질러서 하얀 구름의 환영을 받으며 하늘을 향해 솟아올랐다.

약 1시간 10분의 비행 시간 내내 우리 일행은 상기되어 있었음이 분명했다. 이를 증명이나 하듯 모두들 한마디도 하지 않고 견디는 듯했다. 킬리만자로 산을 오른쪽으로 안고 비행하는 비행기 안에서 짙은 구름으로 인하여 며칠 전에 보았던 산 정상을 볼 수 없었음이 이내 안타까움으로 다가왔다. 그러나 다른 좋은 것을 항상 예비해 주시는 하나님의 선한 손길을 체험할 수 있었는데, 얕게 떠서 가는 비행기 덕분에 지상에 존재하고 있는 모든 것들을 육안으로 잘 관찰할 수 있었다.

아루샤로 가는 경비행기 앞에서 무사 여행을 위해 기도하면서

작은 비행기를 수용할 수 있는 작은 비행장에 무사히 도착하여 공항을 빠져나오자 우리 일행을 맞이하러 오신 박은파 집사님이 기

다리고 계셨다. 이분은 탄자니아 아루샤(Arusha)에서 여행사(NANURI EXPEDITION SAFARI)를 20년 넘게 운영하시는 여장부의 모습을 가진 분이다. 자녀들을 모두 미국에서 공부시키고 있는데 경비가 이만저만이 아니라고 말씀하시면서, 운전하는 동안 그동안의 작은 아픔과 경험들을 미국에서 온 우리 일행에게 쏟아 내셨다. 그로 말미암아 우리는 긴장된 마음을 풀 수 있었다. 이제부터 금요일까지 진행되는 모든 일정과 우리의 손발을 이분에게 맡겨야 했다.

처음 와 보는 도시였기에 호기심으로 창문에서 눈을 뗄 수 없었다. 놀라운 것은 탕가에 비교하면 아루샤는 그야말로 대도시였다. 탕가에서는 볼 수 없었던 외제차들이 상당히 눈에 띄었고, 행인들 역시 아직은 오후 시간이 아닌지라 생기가 넘치고 있었다. 탕가는 인도양을 끼고 있고 지대가 얕은 관계로 매우 후덥지근하고 더운데 비하여 이곳은 고산지대(해발 1,500m)에 위치하고 있어서인지 그리 더위를 느낄 수 없을 정도로 시원했다. 안내해 주시는 박 집사님의 설명에 따르면 이 도시에만 한국 분들이 대략 50여 명 거주하고 있는데 49명이 선교사님이고 오로지 자신 한 사람만이 사업을 하고 있다고 한다. 기염을 토해내는 이분의 모습 속에서 그동안 잊고 있었던 억척 한국 여인의 전형적인 모습을 볼 수 있었다.

활기찬 도심 한복판을 운전하여 도착한 곳은 시장기를 달래 줄 점심식사가 기다리고 있는 식당이었다. 들어가는 입구부터 분위기가 격조 있는 느낌을 주었다. 중식, 이탈리아식… 많은 음식들을 기록한 메뉴를 보면서 한식이 빠져 있는 것이 못내 아쉬움으로 다가왔다. 이탈리아식으로 오랜만에 위장이 놀라는 좋은 식사를 마치고, 우리 일행은 이곳에서 오랜 세월 선교 사역을 감당하고 계신 최재선 선교사님(YWAM, 예수전도단에서 파송 받으신 분)을 만나기 위하여 이 도시에서 최고로 좋은 호텔 카페로 향했다.

아루샤에서 점심식사로 교제를 나누었던 식당의 장식

최 선교사님은 동부 아프리카에서 이름을 모르는 분들이 없을 정도로 한국 선교사님들 사이에서는 저명하신 분이다. 이분은 케냐를 거쳐서 탄자니아에서만 벌써 20년 이상을 사역하고 계신 선교 베테랑이시다. 동부 아프리카 여러 곳에 선교 캠프(Mission Base Camp)를 세웠고, New Vision School이라는 사립학교를 세워 탄자니아 민족을 계몽하고 있으며(선교사님의 큰딸이 미국의 Calvin College를 졸업하고 현재는 영어교사로 함께 사역하고 있음이 감명 깊었다), 광야 같은 탄자니아의 대지를 푸르게 가꾸는 '식목 사역'을 하고 계셨다. 지금까지 2만 그루의 묘목을 무료로 심었는데, 당신의 평생에 20만 그루의 묘목을 심는 것이 목표라고 설명하시는 최 선교사님의 눈 속에 이미 '여호와 이레'의 하나님의 모습이 담겨 있음을 볼 수 있었다. 나 자신 조금은 부끄러운 마음이 들었다.

때마침 이분과 함께 계신 한국의 'Serve & Friends Team'에서 파송 받고 오신 '우물 파기'(Drilling Well Mission) 사역을 감당하고 있는 이동선 선교사님 일행을 만날 수 있었다. 물이 부족한 부족들과 선교 사역지를, 엄청난 양의 우물 파는 도구들을 세 대의 자동차에 나누어 싣고 다니면서 우물을 뚫어 물을 공급하는 사역을 하시는 분들이었다. 정말 귀한 사역자들이었다. 박 선교사님의 사역지인 LSS에도 두 주 전에 이분들이 방문하여 우물을 팠는데, 양질의 물이 충분하게 나오는 축복을 누렸다고 한다. 특별히 이 도시에는 탄자니아에서 두 번째로 그리고 아프리카 대륙에서 다섯 번째로 높은 위용을 자랑하고 있는 메루 산(Mt. Meru)이 물의 주요 공급원인데, 불소 성분이 지나치게 많아서 대부분의 현지인들이 40세를 전후하여 치아에 문제가 발생한다고 한다. 탄자니아 백성들에게 가장 좋은 식수는 하나님께서 하늘의 문을 여시고 쏟아 주시는 빗물이었다. 이를 받아서 저장해 두고 수시로 사용할 수 있는 플라스틱 물탱크들이 여기저기 설치되어 있는 것을 볼 수 있다.

이렇게 귀한 분들을 만나서 탄자니아의 또 다른 사역의 모습을 듣는 것이 얼마나 귀한 신앙의 체험이요, 감격이 되었는지 말로 표현할 수 없을 정도였다.

잠시 잠을 청해야 하는 작은 호텔(말이 호텔이지 아주 작은, 그러나 모기장만은 반드시 준비되어 있는 방)에 여장을 풀고 최 선교사님이 사역하시는 New Vision School 지역을 방문하면서 복음 전파 사역과 동시에 이루어지고 있는 교육 사역의 현장을 둘러보았다. 저녁 시간을 기다렸다. 특별히 저녁 시간에는 최재선 선교사님의 사택으로 초대를 받아 사모님이 직접 만들어 주시는 한국식 닭도리탕과 한국식 김치와 반찬을 먹을 수 있는 특권을 누렸다. 먼 타국에서 그것도 아프리카의 탄자니아의 작은 도시에서 한국식으로 음식을 먹고 한국말로 서로의 아픔과 사역의 이모저모를 나눌 수 있는 교제의 식탁을 맞이함이 얼마나 감사한지! 훗날 천국에서 우리 주님이 배설해 주시는 천국 식탁을 소망하면서 오늘 이 땅에서 교제의 식탁 연습을 더 잘해야겠다는 꿈을 가지고 모기장 안으로 들어갔다. 내일은 또 다른 모습의 탄자니아의 태양이 떠오를 것을 소망하면서….

<탄자니아에서의 여덟 번째 메일>

잘 지내지?
여기는 아루샤란다. 작은 비행기를 타고 잘 도착했단다.
좋은 여행사 집사님을 만나서 좋고 안전한 호텔에 묵은 뒤에 내일 아침에는 응고롱고로 국립 공원에 가서 사파리 관람을 하고, 하룻밤을 묵고 목요일 오전에 분화구에 있는 사파리를 관광하고 오후에 늦게 돌아올 예정이다. 어쩌면 목요일까지는 소식을 전하기가 쉽지 않을 것 같구나. 할 수 있으면 전할게.

엄마가 원하는 쿠션 커버를 탄자니아 모양 혹은 아프리카 모양으로 찾아볼게. 이곳도 물가가 장난이 아니란다.

미진이가 시험을 잘 보았으리라 믿는다. 수고했다.
Andy에게 한국에 잘 다녀오라고 전하렴. 기도할게.

미란이도 DC에 잘 도착했다니 감사하다.

미현이가 수고가 많겠구나.

당신도 정말 수고가 많구려. 선물을 물어 보았는데 너무 비싸군요. 미안해요.

금요일 오전에는 '마사이 부족'들이 살고 있는 곳을 방문하고, 오후에 비행기를 타고 미국으로 돌아갈 예정이다. 안전한 여행을 위하여 기도 부탁한다.

오늘 화요일 저녁은 아루샤에서 선교하시는 최 선교사님의 초청으로 한식을 먹고, 지금은 대화하는 중에 잠깐 이곳에 선교 나온 분들의 PC를 빌려서 소식을 전하는 거란다.

그럼 또 소식을 전할 수 있는 대로 전할게.

늘 건강 조심하고.

아빠로부터

<미현이의 답장>

엄마가 쿠션이 너무 비싸면 꼭 안 사도 된다고 그래요.

물가가 그렇게 비싸요?

오늘 비가 많이 왔어요. 그리고 지금 엄마랑 tv 보고 있고, 미진 언니하고 Nathanael은 집에 갔어요. 미란 언니도 오늘 생일이니깐 친구들하고 저녁 먹겠지요?

아, 그리고 나는 다음주 화, 수, 아니면 목요일에 조금 일찍 학교로 돌아가려고 생각했는데… 아빠가 너무 피곤해서 안 데려다 주면 내가 혼자 기차로 또 가려고요…. 내 친구 Joy가 학교에 벌써 가서 있을 거니까 Joy 보고 차 빌려서 나를 new haven 기차 정거장에 pick up을 부탁할 수 있을 것 같은데…

기차표를 더 일찍 사면 조금 더 싸니까 그리고 자리도 아직 있으니까 며칠 안에 사야지요?

아빠가 어떻게 생각하는지 연락해 주세요!

we love you and miss you!

<미진이의 답장>

Hi,
Just wanted to say I hope you have a wonderful time at the safari. It sounds like so much fun. I do not know how I did on the exam but on the bright side, I matched! I will not know where/which hospital until Friday.

Anyway, I do not want you to be worried, we are all doing well.

We miss you. can't wait to see you soon!

Love you,

Meejin

Sent from my iPad

<미란이의 답장>

HI DAD!

Hope you are having fun and enjoying the remainder of your trip! I had a nice birthday at home and a nice spring break. So, I am thinking of meeting you at Dulles airport on Saturday morning so that we can drive home together. Unnie and Nate, I think, are also going to be home, so I would come home for the night. Let me know if you think this is a good idea.

Love you,

Meeran

생전 처음 가는 야생 사파리 - 타랑기레 국립공원

2013년 3월 13일 화요일

밖에는 벌써 웅성거리는 소리가 한창이다. 피곤한 육신이지만 TV로만 보던 아프리카 야생 사파리(Wild Safari)를 처음 가는 날인지라, 마음은 어린 시절 걸어서 원정을 가던 때의 마음으로 가득 찼다. 우리를 태우고 갈 사파리 전용 자동차가 기다리고 있었다. 약 150km 정도를 가야 하는데 호텔에서 준비한 점심 식사 도시락을 나누어 받았다. 내용물이 무엇인지는 점심 식사 시간까지 모르는 게 좋을 듯하여, 사실 그래야 식욕을 잃지 않을 것이라 생각하여 열어 보지도 않았다. 정말 소풍가는 날의 기쁨이었다.

이른 아침 시간인지라 우리를 태운 자동차가 시내를 빠져 나가기가 그리 쉽지 않았다. 문명이 들어오기 시작하면서 이 나라에도 원하지 않는 문명의 찌꺼기 같은 러시아워가 새롭게 탄생한 것을 볼 수 있었다. 비교적 포장된 도로이지만 인도와 차도가 구별되지 않은 길을 보면서, 어린 시절 60년대 한국의 도로가 연상되었다. 역시 시간이 모든 것을 해결해 주겠지 하는 생각으로 열심히 지나가는 행인들과 도심의 모습을 카메라에 담았다.

탄자니아 타랑기레 국립공원(Tarangire National Park)은 스위스 정부의 도움으로 야생 동물들이 서식할 수 있도록 자연 상태를 그대로 보존하고 있는 엄청나게 큰 공원이다. 거의 모든 동물들이 서식하고 있다고 하는데, 오늘 얼마나 많은 종류의 야생 동물들을 볼 수 있을지는 하나님의 은혜에 맡겨야 한다는 운전기사의 설명에 기도가 절로 나온다.

공원을 향해 가는 도중 길가에는 내가 가장 선호하는 다크 커피(dark coffee)를 생산하려는 커피 농장들이 이제 막 새롭게 들어서는 광경을 볼 수 있었다. 또한 가는 도중에 동부 아프리카에서 가장 용맹스럽고 호전적인 부족으로 알려진 마사이 부족들이 살고 있는 집과 그들의 삶을 볼 수 있는 마사이 부족 보호 구역을 지났다. 집은 전형적인 아프리카의 둥근 집들이었다.

이들 가운데 가장 큰 집이 남편(가장)의 집이고 우측으로는 아내들의 집들이 있으며, 남자아이들이 15세가 되면 할례를 주고 독립을 시켜 집을 만들어 준다고 한다. 집의 크기로 가장의 집인지, 아내의 집인지, 아들들의 집인지를 구별한다고 한다. 특별히 집을 짓는 것은 여인들의 몫이요, 가축을 치는 것은 남자들의 몫이라고 한다. 그래서 그런지 그들의 집이 생각보다 정교하게 지어진 것을 볼 수 있다.

'휘파람을 부는 나무'(whistling tree, 나무에 열매가 달려 있는데, 곤충들이 열매의 속을 다 파먹고 작은 빈 공간을 만들어 놓으면, 바람이 불 때 여기저기 뚫려 있는 작은 구멍 속으로 바람이 통과하면서 소리를 낸다고 해서 붙은 이름, 과거에는 두려움의 대상이었다고 하는데 휘파람 소리가 나기 때문이었다고 한다)라는 특이한 나무 앞에서 잠시 휴식을 취하고 우리 일행은 계속해서 달려갔다. 꽤나 긴 시간을 지나야만 했다.

도로변에 위치한 마사이 부족의 거주지

마침내 타랑기레 국립공원(Tarangire National Park) 입구에 도착했다. 해는 벌써 중천이었다. 얼마인지는 모르지만 운전기사가 입장료를 지불하자 입구를 가로막고 있는 바리케이드가 열렸다. 긴장감과 기대감이 교차되면서 우리는 처음으로 아프리카 탄자니아에서의 사파리(wild safari)를 시작했다.

한참을 운전하자 우리 눈에 가장 먼저 들어온 동물은 멧돼지였다. 남의 집(개미들이 지은 집)을 도둑질하여 자기의 집인 양 삼고 더위를 피하고 있는 모습이 가관도 아니었다. 이윽고 우리 일행을 반갑게 맞아준 동물은 기린 가족이었다. 동물원에서 보던 바로 그런 기린들이 우리 일행을 반갑게 맞이하기 위하여 다가오고 있었다. 남편 기린과 아내 기린 그리고 아들 기린 하나를 두고 있는 단출한 기린 가정의 모습이 정말 아름다웠다. 야생이라서 그런지는 몰라도 외모나 건강 상태가 엄청나게 좋아 보였다. 주변에는 작은 사슴 모양의 짐승들이 한가로이 풀을 뜯고 있었다.

우리를 환영하러 나오는 기린 가족의 모습이 평화롭다

어디서나 흔하게 볼 수 있는 꿩 가족들이 여기저기서 아프리카의 뜨거운 태양을 즐기는 모습들도 보였고, 그동안 호주에서만 서식하고 있다고 믿었던 타조 가족도 우리를 기쁘게 해주었다. 이들은 아프리카의 상징 나무인 바오밥나무 근처에서 먹이를 찾고 있었다.

아프리카의 상징인 거대한 바오밥 나무 아래 모인 타조 가족들

육지에 사는 포유류 가운데 가장 큰 몸집을 간직한 코끼리들이 소리를 내면 돌진하는 모습에 모든 사파리 자동차들이 몰려들었다. 사파리 차량을 운전하는 기사들은 사파리에 들어오면서부터 무전기를 켜 놓고 서로 연락을 취하고 있었다. 어떤 종류의 동물들이 어느 곳에 있는지 정보를 주고받은 뒤에 손님들을 위하여 그곳으로 차량을 몰고 가기 위함이었다. 코끼리 가족들이 전진하고 있는 앞쪽으로는 밀림의 왕자로 군림하는 사자 가족들이 휴식을 취하고 있었다. 그럼에도 코끼리 부대는 이동을 시작했다. 전혀 무섭지 않은 모양이다. 오히려 사자들이 코끼리 가족의 이동에 더 신경을 쓰는 것 같았다. 그들의 진행 대열이 흥미롭다. 앞쪽에는 엄마 코끼리가 그리고 중간에는 작은 사이즈로 보아 아기 코끼리들이 그리고 맨 뒤쪽에는 가장 큰 아빠 코끼리가 대형을 이루고 이동 중이었다. 가족을 보호하려는 본능을 주신 하나님의 창조 능력의 신묘막측함을 볼 수 있었다.

코끼리 특유의 괴성을 지르면서 어디론가 이동 중인 코끼리 가족

　코끼리 부대의 이동을 살피면서 사자 가족들을 아주 가까이서 볼 수 있었다. 6~7마리의 성장한 사자들이 점심시간이 가까워 오면서 앞쪽에서 이동 중인 사슴 종류의 먹이를 사냥하려고 준비 중이라는 운전기사의 설명에 조금 흥분되기도 했다. 사자의 사냥 모습을 볼 수 있을 거라는 기대감 때문이다. 그러나 아쉽게도 사냥의 대상이 되었던 사슴들이 방향을 트는 바람에 볼 수 없었다. 베드로전서 5장 8절의 '우는 사자'의 모습을 상기할 수 있는 은혜를 누렸다.
　"근신하라 깨어라 너희 대적 마귀가 우는 사자 같이 두루 다니며 삼킬 자를 찾나니." 이 말씀을 상기하면서 마귀가 우는 사자처럼 삼킬 자를 찾는 이 시대에 사자들의 사냥에 걸려들지 않으려면 반드시 근신하고 깨어 있어야 할 것이라는 말씀을 새길 수 있었다.

사자들이 점심을 준비하기 위하여 먹이 사냥을 준비하는 모습

특별히 우는 사자들에게 밥이 되지 않으려면 사자들의 사냥법을 숙지하는 것은 필수다. 수사자는 바람을 안고 있으면서 먹이들로부터 오는 냄새로 방향을 잡고, 암사자는 그 반대편에 숨어서 기다리는 방법이 전형적인 사자들의 사냥 패턴이다. TCBC 신학교 강의 시간에 탄자니아 신학생들에게 물어서 확인한 진리이기에 분명하게 말할 수 있다. 먹이가 어느 정도 가까이 오면 수사자가 정글이 놀랄만한 큰소리를 치고, 그 순간 먹이들이 혼비백산하여 방향을 잃고 이리저리 갈팡질팡 뛰기 시작하기 시작하는데 정반대 편에는 암사자의 입이 그들을 낚아챌 준비를 하고 있다가 그 방향으로 오는 놈들을 잡아서 온 가족의 먹이로 삼는다고 한다. 따라서 이런 사자의 사냥법을 숙지하고 있다면 먹이에서 자유할 수 있게 된다. 신앙생활에서도 마찬가지다. 사탄의 궤계를 능히 숙지하고 영적으로 근신하여 깨어 있어야 사탄의 먹이로부터 자유로운 신앙생활을 즐길 수 있다.

약 1시간 정도를 기다려도 사자들의 먹이 사냥 광경을 볼 수 없었기에 우리는 시간의 쫓김을 받아 점심 식사로 가져온 도시락을 먹기 위해 원숭이 가족들이 설치는 작은 휴게소로 왔다.

그늘에서 쉬고 있는 사자들

어린 시절 동물원에 가면 가장 사람들과 친근한 모습에 익숙한 눈으로 원숭이 가족들이 나무 그늘 아래서 휴식을 취하는 모습이 부럽기도 했다. 주변에서 뛰놀고 있는 사슴들과 함께 한가로이 휴식하면서 가족들의 사랑을 즐기는 '더불어 사는 삶'의 모습이 이민자의 삶에 절대적으로 필요한 모습이라고 생각했다.

도시락을 꺼내어 놓기가 무섭게 어찌나 눈치가 빠른지 원숭이들이 들이닥쳤다. '우리가 가져온 도시락 속에 있는 빵과 과일 그리고 고기를 훔쳐가기 위해서'라는 운전기사의 말에 한껏 긴장하고 식사를 하는데, 한순간 한눈을 팔자마자 나의 도시락에서 도너츠 한 개를 날쌔게 낚아채 가는 원숭이를 말릴 수는 없었다. 사람이 먹는 음식이라면 뭐든지 다 먹어치우는 밀림의 가족들을 뒤로하고 우리 일행은 다음 목적지인 응고롱고로 보호구역(Ngorongoro Reservation) 분화구까지 무려 3시간을 달려야 하기에 아쉬운 발걸음을 옮겨야 했다. 오늘 볼 수 없었던 동물들은 내일 또 다른 모습으로 볼 수 있음을 기대하면서.

다음 목적지를 향해 가는 내내 마사이 부족들이 사는 마을을 지나면서 저들의 삶의 한 부분을 볼 수 있는 귀한 특권도 누렸다. 붉은 망토를 걸치고, 키는 상당히 큰 편이고, 삐쩍 마른 모습에 남자들은 예외 없이 호신용 지팡이를 들었고, 목걸이와 귀걸이로 남녀 성별을 구별할 수 있는 광경이 이채로웠다.

한참을 산 정상을 향해 힘겹게 달려가던 사파리 자동차가 멈춘 곳은 하나님의 사랑 받는 자들이 한 날의 피곤을 풀 수 있는 와일드 라이프 롯지(Wild Life Lodge) 호텔 앞이었다. 해가 높은 산언저리에 걸쳐서야 우리는 숙소에 도착할 수 있었다. 이 호텔은 관광객 전용 호텔로서 분화구 언저리 높은 곳에 지은 서양식 호텔이었다. 이미 다른 그룹의 관광객들로 북적였다.

창문을 통해 시야에 비친 분화구의 크기에 우리는 다시 한번 놀라지 않을 수 없었다. 이 분화구는 250만 년 전에 화산 폭발로 형성되었는데 그동안 비와 눈과 바람으로 인하여 많이 메워졌고, 그 분화구 안은 작은 호수를 중심으로 수많은 종류의 동물들이 서식하고 있는 천연적인 동물원이라고 한다. 한쪽 끝에서 다른 한쪽 끝까지 가려면 자동차로 30분 이상을 가야 할 정도로 큰 분화구의 위용에 우리는 잠을 설치지 않을 수 없었다.

분화구 주변 언저리 정상에서 내려다보는 응고롱고로 분화구의 위용

"내일 아침에는 오전 7시부터 분화구 사파리를 가야 하니 시간 늦지 않게 준비하세요"라는 운전기사(그의 이름은 Timothy로서 본인의 간증에 의하면 중생한 그리스도인이라고 함)의 말에 우리는 늦은 밤을 아쉬워하면서 깊은 잠에 취했다. 미국으로 메일을 보낼 수 없는 아쉬움 속에 잠을 자야만 했기에 마음이 그리 평안하지는 않았다. 이곳 소식을 기다릴 가족들을 생각하니 못내 아쉬웠지만 피곤이 나를 삼켜 버리는 하나님의 축복을 누렸다.

탄자니아 최대의 분화구를 정복하던 날!

2013년 3월 14일 목요일

분화구여서 내려가는 길이 그리 만만치 않은지 운전기사의 표정이 무척 상기되어 있었다. 자연 그대로의 길인지라 굴곡과 높낮이가 심했다. 그럼에도 경험이 풍부해서인지 안전하게 분화구 정상에서부터 아래까지 잘 도착했다. 분화구의 크기는 308m²로서 탄자니아 최대의 분화구다. 한낮에는 분화구 한가운데 고여 있는 호수 물로부터 구름 기둥이 생겨 하늘로 올라가는 모습을 볼 수 있으며, 수십만 마리의 홍학들이 춤추는 모습으로 호수를 지키고 있었다. 상상을 초월하는 홍학의 군무가 너무도 경이로웠다. 분화구까지 내려가는 동안에는 동물들이 별로 보이지 않았다.

이제 본격적으로 분화구 탐사를 위하여 우리는 만반의 준비를 마쳤다. 날씨가 더웠지만 건기철인지라 사파리 자동차의 문을 열고 다닐 수 있어 감사했다. 볼 수 있는 모든 짐승들을 볼 수 있는 날씨였던 것이다. 끝이 보이지 않을 정도의 연한 녹색의 풀밭이 얼마나 아름다운지. 이곳에서 수많은 동물들이 먹이 사슬을 유지하면서 주님 오시는 그날까지 천연 동물원을 구성하고 살 것이라는 생각이 나를 놀라게 했다. 오전 시간인지라 모든 동물들이 아침 식사를 하는 도중이기에 더 많은 종류의 동물들을 볼 수 있었다. 역시 '먹는 것'이야말로 생명을 가진 모든 피조물들의 즐거움이 아닌가!

가장 먼저 우리를 맞아 준 것은 얼룩말 가족이었다. 입장료를 내고 동물원에서나 볼 수 있는 동물이 이곳에서는 무료(?)로 볼 수 있으니, 이 모든 동물의 주인이신 하나님께 입장료를 내야 하지 않을까? 좋으신 하나님의 은혜를 감사하면서 말씀으로 자연 만물과 생명 있는 것들을 만드신 하나님께 감사와 찬양을 드리려고 "주 하나님 지으신 모든 세계"라는 찬양을 입 밖으로 내자 운전기사는 기겁을 하면서 말렸다. 이곳에서는 자연 훼손을 염려하여 일체의 소리를 지를 수 없다고 한다. 죄송스럽고 무식한 소치였음을 배웠다.

얼룩말 가족과 들소 가족들이 함께 아침 식탁에 어우러져 있는 평화한 모습을 보면서

얼룩말 가족과 들소 가족들이 함께 어우러져 창조주 하나님께서 예비해 주신 자연의 아침 식탁을 즐기는 모습이 얼마나 아름다운지! 평화가 따로 있는 것이 아니라 이런 모습이 바로 평화의 본질이라는 생각이 든다. 분화구의 산등성이에는 지난밤에 단잠을 주었던 호텔 건물이 있고, 앞으로는 분화구 안의 호수 안에서 군무를 이루고 있는 홍학 가족들의 아침 식사 모습, 그 앞 푸른 초장에는 그림 같은 모습으로 얼룩말들이 있는 한 폭의 그림 속에서 우리 하나님은 화가이심을 느낄 수 있었다.

한 폭의 그림 같은 장면에서 하나님은 화가이심을 발견할 수 있다.

이곳에서도 사자는 벌써 아침 식사를 마쳤는지 뜨거운 햇볕 아래에서 잠을 청하는 모습이 밀림의 왕자의 격을 갖추고 있음을 알 수 있었다. 모두 두 쌍의 사자 내외들을 만날 수 있었는데, 그 근처에는 다른 동물들이 냄새를 맡았는지 얼씬도 하지 않고 있었다. 타랑기레 국립공원(Tarangire National Park)에서는 볼 수 없었던 수사자가 암사자

곁에서 드렁거리며 잠을 자고 있었다. 모두들 큼직하고 정교한 비싼 카메라에 담느라고 경쟁하는 모습이 부럽기도 했다. 내가 가지고 간 카메라로는 아프리카의 모든 것을 담을 수 없었기 때문이다. 박 선교사님이 "탄자니아는 찍을 것이 너무도 많은데 목사님이 가지고 오신 그 정도의 카메라를 가지고는 어림없습니다. 탄자니아를 아주 우습게 생각하셨나 봅니다"라는 첫날의 우스갯소리가 귓전을 맴돌았다.

사자를 뒤로하고 하마 가족들이 살고 있는 물가로 차를 몰았다. 엄청나게 거대한 몸집을 가진 하마 가족들이 작열하는 태양을 피하여 물속에서 한가롭게 유희를 즐기고 있었다. 작은 새끼 하마들이 어미 곁에서 줄지어 헤엄치는 모습에서도 생명 보존의 본능을 볼 수 있다. 관광객들이 오든지 말든지 자연에 순응하면서 그들만의 삶을 여유롭게 즐기고 있는 거대한 피조물 하마들을 바라보면서, 인간 본연의 삶을 즐길 수 있는 유일한 길을 예비해 주신 하나님의 사랑에 감탄할 수밖에 없었다.

한참 뒤에 거대한 검은 줄이 멀리 지평선에 나타났다. 들소들의 행군이 시작된 것이다. 수를 셀 수 없을 정도의 거대한 검은 물결이 분화구의 지평선을 가득 메우고 달려오는 장관이야 말로 디스커버리 채널(Discovery Channel)에서나 볼 수 있는 장관이었다. 작은 카메라를 가지고서는 도저히 담을 수 없음에 이내 안타까운 마음이 들었다. 다음번에는 (혹시 다시 올 수 있다면) 분명코 큼직한 카메라를 둘러메고 오리라 결심했다. 이번에도 상당히 멀리서 코뿔소 한 마리가 뛰어가고 있었는데 촬영을 하긴 했지만 너무 먼 거리라 아쉬웠다. 그리고 코뿔소 주변에는 개과에 속하는 하이에나가 목이 마른지 자동차 길에 고여 있는 흙탕물을 마시고 있는 장면에 포착됐다.

잘 생긴 코뿔소의 위용이 겁이 날 정도였다.

진흙탕 물을 마시면서라도 생명을 보존하려는 하이에나의 모습에서 살길이 무엇인지를 찾아야 하는 죄인 된 인간의 목마름을 볼 수 있었다.

덩치 큰 개와도 흡사한 하이에나가 우리 일행을 노려보고 있다.

영화 〈라이온 킹〉(Lion King)에 등장하는 하이에나의 모습과 너무도 닮았다.

드넓은 분화구 안에서 오수를 즐기는 왕자들을 건드릴 자가 누구랴?

사자 군단을 뒤로하고 홍학의 무리들 가운데 사냥할 놈을 노려보고 있는 코요테의 사나운 눈초리를 보았다. 한참 뒤에 한 마리의 홍학을 아침 식사로 다행스럽게 낚아챈 코요테의 게걸스러운 식탐을 멀리하고, 들소들과 사슴들 그리고 염소과에 속하는 동물들이 한데 어우러져 풀을 뜯고 있는 모습은 하나님의 창조 질서의 귀한 면을 보여 주었다. 자연이 하나님의 영광을 노래하고 있다고 언급한 로마서의 말씀을 생각나게 했다.

무엇인가를 열심히 찾고 계신 김구회 집사님께서 소리를 치면서 우리를 흔들었다. 어미 들소가 새끼를 낳은 순간을 보라는 것이다. 남편 들소와 이웃의 가족들이 둥그런 모습으로 둘러싸고 있는 한 가운데서 어미 들소가 힘들게 산고를 겪으면서 귀여운 아기 들소를 해산하고 있었다. 사람의 손을 거치지 않고서 오로지 하나님께서 주신 종족 계승의 본능으로 아기 들소를 다루는 모습에 놀라지 않을 수 없다. 아기 들소가 어미의 배를 빠져나오자 어미가 길게 매달린 탯줄을 제거하고, 그 와중에서도 산고의 아픔을 아는지 모르는지 확실하지는 않지만 비틀거리며 걷기 연습을 시키는, 아기 들소를 향한 어미의 모정의 행동은 사람들 못지않았다. 실제로 동물들은 해산한 뒤에 20~30분 안에 걷기를 시작해야 생명을 유지할 수 있다고 하는데, 이를 어떻게 알았는지 갓 태어난 아기 들소를 입으로 계속해서 핥아 주면서 일으켜 세워 걷게 하는 어미 들소의 땀 흘리는 모습이 우리의

새 생명이 해산하는 순간의 늘소 가족들의 평안한 모습

양육 과정과 너무 닮았다. 이를 지켜보면서 축복하는 남편 들소와 이웃 들소들의 모습에 사뭇 기쁨과 평안의 모습이었다. "생육하고 번성하라"는 축복의 말씀은 모든 하나님의 피조물들에게 실현되는 살아 있는 말씀임을 확인할 수 있었다.

물론 여기 응고롱고로 분화구의 야생동물(wild life) 보존 구역에서도 코끼리 가족과 타조 가족 그리고 이름 모를 수많은 종류의 새 가족들이 함께 공존하는 현장을 목격할 수 있었다. 한 가지 아쉬운 것은 이날 표범 가족을 볼 수 없었다는 점이다. 분화구 어느 곳엔가 관광 온 손님들의 눈에 뜨이지 않기 위하여 숨어 있는 것 같았다. 특별히 새들 중에는 날개는 있으되 날지 못하는 새를 보았는데, 지구상에서 가장 무겁고 커다란 새 중의 하나라고 한다. 믿음은 있으되 행함이 없는 믿음을 가져서는 안 된다는 야고보서의 말씀이 생각났다.

하마 가족들의 서식지인 깊은 연못 속에서 헤엄치는 야생 하마의 모습

어느덧 점심시간이 되어 작은 피크닉장(picnic area)에 도착했다. 앞쪽 깊은 물 속에서 헤엄치고 있는 하마 가족들과 함께 눈요기를 하면

서 식사할 수 있게 꾸며 놓은 곳이었다. 많은 관광객들이 웅성거리며 모여들어 하마와 같은 입을 벌리면서 점심을 나누는 모습이 소풍 나온 사람들의 모습과 같았다. 작열하는 아프리카의 태양 아래서 자연과 더불어 도시락 점심을 먹는 체험도 오늘이 마지막이라 생각하니 짧은 여행 기간이 조금만 더 길었으면 좋겠다는 아쉬움이 마음 한 구석에 생겨 떠나지 않았다. 특별히 가족들은 뒤로하고 혼자서 이 좋은 하나님의 동물원을 구경하노라니 더욱 안타까움과 미안함이 크게 다가왔다.

이제 돌아가야 할 시간이 다가오고 있었다. 이곳에서 어제 우리가 떠나온 아루샤까지는 무려 3~4시간을 달려가야 하기 때문이다. 탄자니아 사람들이 가장 자랑스럽게 여기는 킬리만자로 산과 응고롱고로 분화구를 모두 보았으니 탄자니아에 온 것이 조금은 후회스럽지 않을 것이라 생각하면서, 모든 동물들이 하나님께서 주신 자연 속에서 자유롭게 수명을 즐기다가 주님의 재림 앞에서 온 자연계가 변화되어 하나님의 영광을 드러내는 '그날'(The Day)을 기약하면서 우리 일행은 분화구 높은 언덕을 향하여 다시 한번 자동차 바퀴에 몸을 맡겼다.

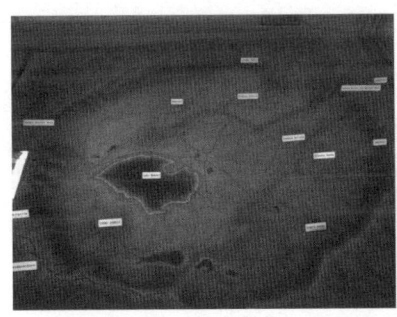

우리 일행이 올라갔던 산과 분화구를 소개하고 있는 안내실에 설치된 사진들

이제 마지막 하룻밤을 지낼 탄자니아 제2의 도시인 아루샤로 돌아오는 길에 우리는 마사이 부족들의 시장을 둘러보았다. 자기 집의 특산물이나 공예품들을 가지고 나와서 물물교환도 하고 돈(탄자니아의 화폐 단위는 Shilling으로서 현지 1,500Shilling이 미화 1달러에 해당한다)을 받고 팔기도 한다. 조금은 조심스럽게 사진을 찍어야 하는데, 잘못하면 봉변을 당할 수도 있다고 했다.

그런데 이곳 주변에 사는 마사이족들은 비교적 부유한 삶을 살고 있다고 하는데, 높은 산에서 흘러 내려오는 풍부한 물을 가지고 농사를 지을 수 있기 때문이라고 한다. 하나님께서 하늘의 문을 여시고 우로를 내려 주심이 얼마나 감사한 축복인지. '헐몬의 이슬이 아론의 머리에서부터 발까지 내려오는 축복'을 누리고 있는 것 같이 보였다.

귀로는 항상 피곤하지만, 모든 것이 새롭게 펼쳐지는 마사이 동네의 신기한 모습들이 잠을 깨웠다. 길가 옆에 있는 어떤 작은 판매사(vender)는 이름이 '힐러리 클린턴'(Hillary Clinton)이었다. 어떻게 미국 대통령 부인의 이름을 알았는지.

벼룩시장에 나온 마사이 부족의 여인들의 모습

오늘 저녁은 지난 화요일 저녁 식사를 초대해 주셨던 최재선 선교사님의 가정에서 한식으로 준비해 주셨다. '교제의 식탁'에서도 부활하신 예수님을 만날 수 있었던 엠마오 도상의 두 제자들이 생각났기에 정말 마음과 정성과 뜻을 다하여 축복할 수 있었다. 언제 다시 만날 수 있을지 알 수 없지만 가장 귀한 것들로 지나가는 나그네들을 대접하는 선교사님의 가정을 통하여 탄자니아에 복음의 광채가 비추기를 기도하면서 맛있게 먹었다.

특별히 내일은 미국으로 돌아와야 하는 금요일(15일)이기에, 오전에는 최재선 선교사님과 이경희 선교사님이 심혈을 기울여 사역하고 있는 마사이 마을을 특별 방문할 예정이다. 여자 혼자서 마사이족과 함께 거서하면서 사역하고 계신 이경희 선교사님의 사역 현장을 둘러보는 것이야말로 특별한 축복이 될 것이다. 그리고 이분들이 가장 귀하게 사역하는 '댐 막기' 사역 현장도 둘러볼 예정이다.

　오늘 저녁은 미국으로 메일을 보낼 수 없어서 더욱 아쉬움이 남았지만 이제 내일이면 곧 미국의 가족들에게 돌아갈 것이기에 위로를 삼고 모기장 안으로 들어가 단잠을 취했다.

가시 마을에서 탄자니아에서의 마지막 날

2013년 3월 15일 금요일

아직 어둠이 채 가시기도 전에 누군가 밖에서 문을 두드렸다. 지난 12일(화)부터 우리와 동고동락하시며 함께 모든 일정을 소화해 내신, 자비량 선교사로 수고하시는 김구회 집사님께서 새벽 5시 30분 버스를 타고 탕가로 돌아가야 하셨기에 작별 인사를 하시려는 것이었다. 2년 전에 두 내외분이 탕가를 방문했다가 한국으로 돌아가셨는데, 남편 되는 김구회 집사님이 명예퇴직을 하고 혼자서 1년 동안 자비량 선교사로 봉사하기 위해 작년 1월에 이곳에 오신 것이다. 박 선교사님에게 힘이 되고 격려가 되고 도움이 되는 집사님이시다.

선교는 이런 분들에 의하여 지금도 계속되는 것 같다. 아쉽지만 또 다시 만날 수 있기를 소망하면서 거친 소리를 내면서 떠나는 자동차의 뒷모습을 한동안 바라보아야만 했다(안타깝게도 김 집사님께서 이후에 천국으로 가셨다).

이내 잠을 잘 수 없었다. 오전 8시부터는 최재선 선교사님의 역점 사역 가운데 하나인 '댐 만들기' 사역 현장을 방문하게 되어 있었다. 최 선교사님의 사모님과 댐이 만들어지 있는 마사이 마을에서 홀로 사역하고 계신 이경희 선교사님께서 오셨다. 지난밤에 하얀 눈이 내려 정상이 흰 모자를 쓴 모양을 하고 있는 메루 산(Mt. Meru)을 끼고 약 1시간 정도를 달렸다. 잘 정비된 포장도로를 벗어나면서부터 그야말로 길이 없는 광야 길을 곳을 허연 먼지를 일으키면서 덜컹거리는 SUV의 모양이 힘겹게 느껴졌다. 우리는 지금 '가시마을'이라는 뜻을 가진 'Engi Karet'라는 마사이 부족이 살고 있는 마을을 향해 가고 있는 중이다.

한참을 달리던 SUV가 멈춘 곳은 '댐 막아 주기'로 물이 고여 있는 웅덩이였다. 말이 '댐'이지, 실은 불도저로 흙을 끌어다가 언덕을 만들고 깊은 웅덩이를 만들어서 비가 오면 주변의 물이 한곳으로 모이게 한 곳이다. 이곳은 건기철(7월~다음해 3월까지)과 우기철(4~6월)이 확실하게 존재하기에 우기철에 내린 빗물을 모아 두면 수개월은 비가 오지 않아도 견딜 수 있다고 한다. 그나마 지금은 불도저 차가 고장이 났는데, 부품이 공수되지 않는 관계로 사용할 수 없어 댐 만들기 사역도 지체되고 있다는 설명에 마음이 그리 편하지 않았다.

특별히 이 웅덩이 물은 황토물로서 짐승의 오물이 다 들어가고 있고, 광야에서 불어오는 바람으로 인한 먼지로 가득 차 있다. 그럼에도 이 물은 소나 염소와 같은 동물들과 사람들이 공유하여 마시고 있는 생명줄과 같은 역할을 한다. 물로 나아오는 자에게는 생명이지만 물로 나아오지 않는 자들에게는 광야의 죽음만이 있을 뿐이다. 이사야 선지자의 말씀을 묵상하기에 너무도 좋은 배경이 되었다.

인근에 위치한 나무 그늘에는 40대 정도 되어 보이는 마사이 아저씨가 창과 칼을 들고 서 있었다. 이경희 선교사님께서 스와힐리어로 우리를 소개하고 함께 사진을 찍기를 요청하자 흔쾌하게 허락하는 그의 얼굴에는 탄자니아의 태양 아래서 그을린 검은 빛이 세월의 무게만큼이나 각인되어 있음을 볼 수 있었다. 만져 보는 창과 칼은 무게가 상당히 나가는 느낌이었고, 지금도 광야의 야수들을 사냥하고 자신을 보호하는 호신용으로 사용하고 있다고 한다. 과연 호전적이고 사나운 마사이 부족들의 무기였다. 신앙생활의 승리를 위한 하나님의 공급해 주심 역시 '하나님의 전신갑주'라는 사실을 다시 한번 기억하게 하는 좋은 경험이었다.

소와 사람이 함께 공동으로 마시는 물, 하나님이 주신 가장 귀한 선물이다

기도하는 가운데 번역을 꿈꾸고 있는 《God's Provision For Normal Christian Living》이라는 귀중한 책자가 있다. 이 책은 에베소서에 기록되어 있는 '하나님의 전신갑주'를 성도들의 신앙생활의 무기로 소개하고 있는 책이다.

마시이 부족과 인증 사진을 찍는 순간에도 두려움이 약간은 잠재하고 있었다.

　오늘의 마지막으로 우리 일행은 이경희 선교사님의 특별 배려로, 아무나 가까이 가서 볼 수 없을 뿐만 아니라 들어가서 본다는 것은 상상도 할 수 없는 마사이 마을을 향했다. 물론 돈을 주고서 관광할 수 있는 코스가 따로 있다고 듣기는 했다. 우리가 방문한 곳은 순전히 공짜로, 하나님의 은혜로 방문할 수 있었다.
　우리가 방문한 마을은 한 명의 족장 아버지에 의해서 형성된 마을이다. 이 아버지는 3년 전에 이 땅을 떠났는데, 떠날 때를 기준으로 부인이 8명이었고, 자녀들은 51명 그리고 손자들이 86명이나 되는 후손의 축복을 누렸다고 한다. 이 모두는 이슬람교 문화의 영향이라고 한다. 또한 마사이 부족들은 지참금을 내고 며느리를 데려온다고 한다. 따라서 아들보다는 딸이 더 귀하게 대접을 받고 있는 것 같다. 우스갯

소리지만 탄자니아의 마사이 부족 사이에서는 딸이 제일 좋고 그다음 이 소나 염소 그리고 그다음이 아들이라고 한다. 아플 때에 약을 사다 주는 순서를 보면 이 같은 사실을 알 수 있다고 한다. 이경희 선교사님 은 바로 이 마을을 중심으로 학교(교육) 사역을 하고 계신 분이다.

아무나 들어갈 수 없는 마사이 마을 안으로 들어가는 길은 동물들의 오물과 먼지들이 어우러져 그야말로 신발 없이는 불가능한 길임에도 이곳의 어린 아이들은 모두가 '맨발의 청춘들'이었다. 미리 준비해 가지고 간 바나나를 아이들에게 나누어 주면서도 마음이 기쁘지 않음은 저들의 가난과 허기진 배, 삐쩍 마른 몰골들 때문이리라. 그래도 'Karibu'(Welcome, 어서 오십시오!)라고 외치면서 우리를 맞이해 주는 인간 본연의 심성을 볼 수 있었다. 모든 인간은 하나님의 형상을 따라

서 지음 받았다는 말씀이 실제로 체험되었다.

이 땅을 떠나신 분의 첫 아내가 되는 할머니가 우리를 자신의 장막 안으로 안내해 주겠다고 하셨다. 키가 매우 작았지만 귀와 목에 걸쳐 있는 많은 장식품들이 세월의 연륜을 읽게 해주었다. 증손녀가 딸이 몸이 아파서 걱정이 된다는 하소연 역시 여느 부모님들과 전혀 다르지 않은 모성애를 발견할 수 있었다. 둥근 지붕 위에는 야자나무 잎으로 지붕을 둘렀고, 벽은 소똥과 진흙을 이겨서 붙인 집이었다. 태양 아래서 잘 마르는 특징을 가진 집이다.

진흙과 소똥을 이겨서 벽을 만들고 지붕은 마른 풀로 엮어 얹은 마사이 부족의 집 앞에서

대개 집을 짓는 일은 힘든 일이기에 남자들의 몫이지만 이곳에서는 여자들의 몫이라고 한다. 남자들은 5~6세 정도가 되면 목축 일을

배우기 시작하고, 15세가 되면 성년식(할례)을 거쳐 성인으로 인정받으며, 부족이 위험한 지경에 처했을 때에 전투에 참여하는 전사가 된다고 한다. 한 남자 족장 아래 많은 아내들이 있고, 그 아내들은 순서를 정하는 것이 아니라 남편의 부름에 따라서 처소에 들어갈 수 있다고 한다. 매우 가부장적이라고 한다.

검게 그을린 문을 열고 집 안으로 들어가니 생각보다 시원했다. 중앙에는 음식을 할 수 있는 화덕같이 생긴 것이 있고, 그 주변을 중심으로 침실과 곡식 창고와 땔감을 쌓아 두는 창고같이 보이는 방이 위치하고 있었다. 천장은 화덕에서 나오는 그을음으로 인하여 검게 물들었지만 공기를 순환시키기 위해 얼기설기 환풍 장치 같이 만든 것을 보면서 삶의 지혜를 볼 수 있었다.

몸이 아파서 다른 아이들처럼 성장하지 못한 증손녀를 위하여 안수기도를 원하는 할머니의 요청에 우리 일행은 나의 딸을 위해 기도하듯 간절한 기도로 하나님의 손길을 요청했다. 우리는 잠시 왔다가 떠날지라도 하나님의 은총이 아이에게 그리고 이 마을의 모든 사람들에게 임하여 구원의 기쁨을 맛볼 수 있기를 소원하는 마음으로, 이경희 선교사님의 사역하시는 초등학교 사역과 마을의 복음화를 위한 전도 현장을 살펴보았다.

시간의 흐름은 우리로 하여금 아쉬운 작별을 알려 왔다. 기도와 마음의 후원을 남기고 우리 일행은 마사이 부족 마을 떠나서 아루샤로 돌아왔다. 우리를 기다리고 있는 것은 맛있는 점심이었다. 워싱턴 주의 캘거리 침례교회에서 평신도로 시무하시다가 YWAM(예수전도단)의 파송을 받은 평신도 선교사 내외분(김명식, 양은숙 선교사님)이 정성으로 만들어 주시는 음식이었다. 모든 재료가 유기농이라는 말씀에, 그리고 오늘 오후 비행기로 미국에 돌아가기 전에 마지막으로 탄자니아에서 먹을 수 있는 한식이라 생각하며 정말 힘을 다하여 많이 먹는 은혜를 누렸다. 이 두 분 평신도 선교사님들은 밤을 밝히는 태양 전지 랜턴(Solar Lantern)을 보급하는 사역을 감당하고 있는 분들이다. 기회가 되면 우리 교회에서도 이 사역을 도울 수 있으면 좋겠다는 마음을 품었다. 5~10달러 정도면 한 가정에 한 개씩 태양 전지를 이용한 랜턴을 보급할 수 있다고 하니 말이다.

참된 사랑을 마음과 배에 가득 담고 우리 일행은 탄자니아의 작은 기념품점을 방문했다. 손재주가 특출한 사람들이 가게 뒤편에서 조각을 하고 있었는데 그들의 구슬땀을 볼 수 있었다. 우리 교회의 주일학교 자녀들을 위한 작은 기념품들과 이번 선교 여행에 물심양면으로 도움을 주신 성도님들과 이웃 교회 성도님들을 위하여 몇 개의 선물들을 준비하는 기쁨을 누렸다. 무엇보다도 내가 가장 선호하는 커피를 구입하면서 벌써 커피 향이 코끝에 와닿는 것을 느낄 수 있었다.

킬리만자로 국제공항에서 에티오피아 항공사의 비행기를 타고 에티오피아의 아디스아바바 국제공항으로 비행하는 동안 피곤이 엄습해 오기 시작했다. 아디스아바바 공항에서 이륙한 비행기는 이탈리아의 로마 공항을 향하여 날아가기 시작했다. 로마 공항에서 약 2시간 정도 정체하면서 승무원들과 기내 음식을 공급받는다고 한다. 꽤 긴 시간을 여행하여 우리는 한밤중에 로마에 도착했고, 밖의 찬 공기로 인하여 조금은 피곤을 풀 수 있었다. 그러나 이 기분도 잠깐, 이내 우리는 미국을 향하여 긴 여행을 시작해야만 했다.

2013년 3월 16일 오전 9시, 우리를 태운 비행기는 워싱턴 D.C.의 덜레스 국제공항에 안착했다. 안도의 길고 긴 숨이 폐 안에 산소를 가득 채웠다. 뜨거운 나라에서 출발하여 추운 겨울 날씨가 있는 고향과 같은 땅에 도착하여 하나님께 감사의 기도와 찬양을 드렸다. 탄자니아에서 선교하고 계신 박 선교사님과 그 외 가족들의 얼굴이 선하게 마음 한구석에 자리 잡기 시작했다.

　마중 나온 둘째 딸 미란이와 함께 필라델피아 집으로 향하는 발걸음이 왜 그리 가볍고 평안한지, 역시 사람은 흙으로 지음 받았기에 흙의 땅을 밟아야 안도감이 있음은 곧 하나님의 섭리다. 가족들의 얼굴을 곧 볼 수 있다는 설렘과 감격으로 이번 모든 선교 일정을 마감하는 종의 마음이 왜 이리 감격스럽고 감사하고, 하나님의 손길이 강하게 역사하는지. 내일은 또 다른 사역을 위하여 동편 하늘에서 하나님이 지으신 붉은 태양이 나를 반길 것을 기대하면서….

　할렐루야! 아멘!

서구식 리조트에서 바라다 본 킬리만자로 산(Mt. Kilimanjaro)의 자태 속에 숨겨진 하나님의 신비

외부는 탄자니아 스타일, 내부는 현대식으로 꾸며진 리조트의 호텔 방 앞에서 기념 촬영

모시(Moshi)에서 루터교단에서 운영하는
모텔의 숙소의 모기장

LSS 중고등학교의 전경과
공사 현장의 모습

TCBC 신학교의 강의실 전경

스와힐리어로 된 성경을 펴 놓고 학업에 열중하는 학생들의 어깨에서 미래를 볼 수 있다.

식후 디저트로는 아이스크림 만한 게 없다.

엄마는 뒤편에서 코코아 가루로 음식을 만들고, 자녀들은 엄마의 손길을 기다리는 순진한 모습

"너희가 돌이켜 어린아이와 같이 되지 아니하면 천국에 들어갈 수 없느니라!"

코코아 열매를 따다가 더위를 식히는 음료수로 장사하는 남자의 모습

이번에 주님의교회에서 봉헌한 KLPT 예배당
창문은 케냐에서 운송 중에 있다고 한다.

예배 때 부족들이 사용했던 북으로 반주하면서 기쁘게 찬양을 부르고 있다.

마음과 영혼과 춤으로 하나님을 찬양하는 KLPT 교회의 사모님과 어린 자녀들의 예배 광경

다윗의 춤을 연상케 하는 저들만의 예배의 모습을 하나님께서 기뻐하셨을 것이다.

화려하지 않은 순수한 강대상, 헌금함 그리고 시원한 창문, 나무 십자가로부터 흐르는 보혈의 예배당 전경

모슬렘 마을 한복판에서 개척 교회를 세워 가느라 땀 흘리는 목사님 가족과 함께

쌀과 곡물들을 팔고 있는 탕가 시내의
전통 시장의 모습 속에서
한국의 전통 시장을 볼 수 있다.

모슬렘 사원이 급속도로 늘어 가고 있는
탕가 시내에 세워진, 과격한 모슬렘들이
모이는 사원

아쉬움을 품고 탕가에서 사역하는 선교지 가족들과 아루샤를 향해 떠나면서

가시 마을에서 탄자니아에서의 마지막 날 2013년 3월 15일 금요일 | **177**

아프리카 사파리를 구경시켜 주는 자동차 위에서 김구회 집사님과 함께

마사이 부족 마을 안에서 천진난만하게 뛰어노는 어린아이들의 모습에도
하나님의 형상이 깃들어 있다.

마사이 부족 마을에서 족장의 첫 번째 부인인 최고령 할머니의 모습

K.T.C. Mission Trip

3부 콜롬비아

단기 선교 여행, 길고 긴 감동!

2015년 7월 11일부터 17일까지

첫째 날의 감사, 선교는 오케스트라다

로마서 3:23-24

"모든 사람이 죄를 범하였으매 하나님의 영광에 이르지 못하더니 그리스도 예수 안에 있는 구속으로 말미암아 하나님의 은혜로 값없이 의롭다 하심을 얻은 자 되었느니라."

하나님의 은혜와 성도님들의 기도로 금년도(2015년) '콜롬비아 단기 선교'를 안전하게 다녀왔다. 우리가 갔던 곳은 '카르타헤나'라는 도시로서 급성장하는 카리브해 연안의 휴양도시요, 산업도시다. 그럼에도 도시의 빈부 격차에서 급격한 차이가 보였다. 부와 경제력을 중심으로 사회 계층이 존재하고 있는데, '0' 스케일에서 '7' 스케일이 바로 그것이다. '7' 스케일에 속해 있는 사람들은 부와 경제력을 마음껏 누리지만 다른 부류에 속한 사람들은 그렇게 보이지 않았다. 빈부 격차가 생각보다 심각하여 사회는 반목질시의 국그릇과 같았다. 물과 전기의 공급이 원활하지 않아서 지저분하게 살고 있었다. 이런 도시에 많은 선교단체들이 현지인 교회들과 동역하며 예수 그리스도의 계절이 오도록 애쓰고 수고하는 모습들이 하나님의 마음을 시원하게 해드리고 있었다.

이번 단기선교에는 14명이 참석하여 세 분야(복음 전도, 리더십 훈련, 의료 선교)로 나누어서 구슬땀을 흘리면서 맡겨 주신 사역에 충성하는 기쁨을 누렸다. 우리 주님의교회에서 3명, 몽고메리 교회에서 11명이 참여했다. 주님의교회에서는 의료 선교(Dr. Andy Lee & Miss. Meehyun Ahn)와 주일예배 인도 및 리더십 훈련(담임목사)을 감당하는 기쁨을 누렸다.

환자들이 어찌나 많은지, 의료 분야 담당자들이 가장 힘들었다. 청년들이 한 팀을 이루어 뜨거운 태양볕 아래에서 어린이들을 위한 VBS를 감당하는 모습은 안쓰럽기까지 했다. 현지 교인들의 예배에 임하는 자세와 복음의 열정의 모습들이 얼마나 신선한지! 열악한 환경에도 굴하지 않고 복음 사역을 감당하고 계신 현지인 목회자들과 선교사들의 사역에서 수많은 도전과 감동을 받았다. 정말 하나님의 은혜였다.

이러한 모든 모습들을 바라보면서 수년 전의 "선교는 오케스트라와 같다"라는 말이 생각났다. 수많은 악기들이 자기 나름대로의 소리를 가지고 한 편의 곡을 무려 2~3시간 동안 연주한다. 많이 등장하는 악기도 있고 드문드문 등장하는 악기들도 있다. 그럼에도 모두가 한 편의 곡을 연주하기 위하여 주어진 악보를 충실하게 연주하는 것이 오케스트라다. 하나님 나라를 확장하며 복음을 땅끝까지 전하는 선교 사역 역시 한 명의 지휘자이신 성령님의 지휘를 따라서 수많은 지체들이 주어진 악보에 맞추어 웅장한 복음 전파의 곡을 만드는 것이다. 지체들의 사명은 오직 주어진 악보에 충성하는 것뿐이다.

이번 콜롬비아 단기 선교 역시 하나님의 비전인 세계 선교의 한 부분을 감당하는 선교였다. 또한 이를 위하여 주님의교회가 참여한 것 역시 성도들 한 사람 한 사람이 선교에 임한 것과 같다. 주님의교회는 선교하는 교회로 쓰임 받았다. 주님의 은혜가 얼마나 감사하고 감격스러운지! 친백성!

◦ 선교는 주어진 악보를 충실히, 최선을 다하여 연주하는 것과 같다.

📝 나의 영적 일기

둘째 날의 감사, 겸비하고 내 얼굴을 구하라

역대하 7:14

"내 이름으로 일컫는 내 백성이 그 악한 길에서 떠나 스스로 겸 비하고 기도하여 내 얼굴을 구하면 내가 하늘에서 듣고 그 죄를 사하고 그 땅을 고칠지라."

드디어 선교 여행이 시작되는 첫째 날이다. 2015년 7월 11일(토), 2시 30분에 기상하여 새벽기도를 드린 뒤에 팀들과 만나기 위하여 집을 나섰다. 뉴욕에서 8시 25분에 출발하는 제트블루(Jet-blue) 항공으로 카르타헤나 도시에 직항하기 위해서였다. 피곤한 시간이었지만 모두의 얼굴에는 행복이 그려져 있었다.

장로님의 사랑의 운전으로 안전하게 뉴욕에 도착하여 모두들 비행기에 올랐다. 이른 새벽부터 봉사하는 손길들이 너무나 아름다웠다. 무려 4시간 10분여의 항공 끝에, 같은 날 오후 12시 30분경에 카르타헤나 공항에 도착했다. 1시간의 시차가 있었다. 상기된 표정으로 모두들 YWAM의 베이스캠프(Base Camp)에 여정을 풀었고, 장년들과 우리 교회 팀들은 카리브해가 보이는 가장 저렴한 호텔(?)에 여정을 풀었다. 본격적인 선교가 시작되었다.

피곤한 몸을 뒤로 하고 카르타헤나를 내려다보고 있는 작지만 높은 산 정상에 있는 콘벤토 데 라 포파 수도원으로 등정을 시작했다. 만약의 사태에 대비하여 경찰관 두 명의 호위를 받았다. 사회적으로 가장 낮은 계급(0~1의 소셜 스케일)에 속한 사람들이 거주하는 지역이었기에 위험이 상존하는 곳이었다. 산 위의 정상으로 오르는 길은 늘 위험이 있는 법이다. 스페인이 침략하기 전에 이 산의 정상에는 우상을 섬기는 신전이 있었다고 한다. 지금은 로마 가톨릭에서 운영하고 있는 수도원이 있다. 옛사람들 역시 도시를 보호하는 절대자에 대한 종교심을 볼 수 있었다.

정사에서 카르타헤나 도시 전체를 내려다볼 수 있었기에 선교 대원들 모두가 이곳에 모여서 역대하 7장 14절의 말씀을 기억하면서, 도시의 구원을 위하여 함께 통성으로 긴 시간 동안 기도했다. 온 도시가 그리스도의 복음으로 가득 채워지는 그날이 속히 오기를 기도하는 팀원들의 마음과 자세가 겸손했다. 기도는 하나님의 역사를 불러오는 마중물임을 믿었다. 엘리야의 갈멜산 상의 기도를 응답하신 하나님께서 반드시 우리의 기도를 응답해 주실 것이다. 이렇게 첫날의 선교지에서의 첫 번째 사역은 기도로 시작되었다. 행복한 밤이 우리 모두를 감싸 주었다. 하나님의 사랑과 안전이 충만한 밤이 되기를 위하여 기도하면서….

드디어 둘째 날이 밝았다. 7월 12일(주일), 찬란한 태양이 이글거리는 밝은 아침이었다. 선교지에서 맞이하는 주일은 특별한 의미로 다가온다. 아침 일찍 Barrio De Hierro라는 도시에 위치한 '벧엘 교회'

로 발걸음을 옮기기 위해 25인승 버스에 올랐다. 모두의 얼굴은 상기된 표정 그 자체였다. 오늘은 모든 선교 팀원들이 각자에게 주어진 사역을 시작하는 날이다. 무엇보다 예배로 선교를 시작한다는 것이 정말 감사했다.

  교회가 가까이 다가오자 뜨겁게 그리고 우렁차게 들려오는 찬양 소리에 가슴이 쿵쿵거렸다. 오전 8시부터 시작된 교회 성도들의 찬양이 1시간 이상 계속되고 있었다. 하나님을 향한 찬양의 모습이 천상의 찬양을 보는 것같이 아름다웠다. 이곳 성도님들의 예배가 평균 4시간 정도 계속된다고 하는 선교사님의 말에 얼굴이 붉어졌다. 오늘 주일예배는 필자의 설교와 최해근 목사님의 제직 세미나가 있고, 의료 선교팀의 의료 선교와 VBS 팀들의 어린이를 위한 사역 그리고 전체의 노방 전도가 예정되어 있었다. 친백성!

○ 선교는 하나님의 소원임을 잊지 말자!

📝 나의 영적 일기

셋째 날의 감사, "그 날 밤에"

사도행전 23:11

"그날 밤에 주께서 바울 곁에 서서 이르시되 담대하라 네가 예루살렘에서 나의 일을 증거한 것같이 로마에서도 증거하여야 하리라 하시니라."

마침내 설교 시간이 되었다. 찬양으로 마음이 하나님을 향하여 활짝 열린 200여 명의 성도들에게 사도행전 23장 11절의 말씀을 중심으로 "그날 밤에"라는 제목으로 위로와 격려 그리고 은혜를 나누었다. 사도 바울이 지나고 있었던 '그날 밤'은 우리의 믿음의 여정 속에서도 있음을 전했다. 동시에 '그날 밤에' 우리의 믿음의 여정을 찾아오시는 '부활의 주님'이 계심을 선포했다. 또한 '그날 밤'을 건널 수 있는 은혜와 비결로 성도들을 안내했다.

첫째는 '현재적인 은혜'를 전했다. 바로 "담대하라"(현재형 동사)는 말씀을 풀어서 서로에게 격려를 나누었다. 우리의 삶은 현재를 떠나서는 영위될 수 없음을 깨닫게 하시는 하나님의 은혜를 체험했다.

둘째는 '과거적인 은혜'를 나누었다. "네가 예루살렘에서 나의 일을 증거한 것같이"라는 말씀의 의미를 전했다. 지난날의 바울의 사역을 하나같이 인정해 주시고 기억해 주시는 은혜였다. 우리가 걸어가는 사역의 길은 결코 하나님의 인정해 주심을 벗어날 수 없다고 말했다. 사람들의 인정은 없어도 하나님의 인정이 없는 사역은 없다.

셋째로 '미래적인 은혜'를 나누었다. "로마에서도 증거하여야 하리라"는 말씀의 의미를 함께 상고했다. 미래의 삶에 대한 하나님의 온전한 축복이 기다리고 있음을 믿기에 오늘의 환난을 이길 수 있다. 절대로 낙망하지 말 것을 권면했다. 이렇게 귀한 말씀을 받는 모든 성도들의 눈에는 눈물이 가득했다. 함께 가슴을 치며 통곡하며 하나님이 말씀의 감화에 젖었다. 뜨거운 눈물로 말씀을 받아들이는 성도들의 진솔한 모습이 하나님의 역사임을 알 수 있었다.

설교 후에 '구원에로의 초청 시간'은 정말 하나님의 은혜가 넘치는 시간이었다. 또한 아픈 분들을 위한 안수 기도, 재헌신에 대한 결단의 초대 시간… 모두들 감격하며 눈물로 하나님 앞으로 나아왔다. 은혜가 충만한 예배였다. 이어서 계속된 제직 세미나와 의료 선교 그리고 오후에 있었던 노방 전도 역시 하나님의 은혜와 사랑을 나누는 복된 시간이었다.

둘째 날 낮에 이뤄진 사역은 이렇게 하나님의 은혜로 귀한 흔적들을 남기는 역사였다. 오후 늦은 시간에 숙소로 돌아와 잠시 꿀맛 같은 휴식을 취했다. 자녀들은 모니카 사모님의 인도로 인근의 작은 상점들을 둘러보았다. 콜롬비아에서의 문화 체험을 즐기는 동안에 장년들은 오후 7시부터 시작되는 지역 예배에 참석했다.

일부 장년들은 카르타헤나의 유일한 한국 가정인 박형길, 임순자 집사님의 가정으로 향했다. 35년 전에 콜롬비아에 정착하여 고독과 아픔들을 이겨 내시고, 이제는 원양어선 6척을 소유하신 거부가 되신 분이다. 자신의 아파트 뒤편에 있는 작은 공간에 예배 처소(카르타헤나 한인교회)를 만드시고, 때로는 두 분이, 때로는 외국에서 단기 선교팀들이 오면 초청하여 함께 예배드리고, 함께 교제하는 것이 유일한 즐거움이라고 말씀하면서 눈시울을 붉히는 두 분의 모습에서 '피는 물보다 진하다'라는 마음의 향수를 읽을 수 있었다. 최해근 목사님께서 창세기 4장을 중심으로 "두 종류의 삶"이라는 제목으로 함께 은혜를 나누었다. 친백성!

- "그날 밤에"라는 제목이 '나'의 체험이 되게 하자.

나의 영적 일기

넷째 날의 감사, 날마다 더해지는 축복

사도행전 2:42, 47

"저희가 사도의 가르침을 받아 서로 교제하며 떡을 떼며 기도하기를 전혀 힘쓰니라…하나님을 찬미하며 또 온 백성에게 칭송을 받으니 주께서 구원받는 사람을 날마다 더하게 하시니라."

박 집사님이 주로 낚는 수산물은 양질의 새우다. 전량 외국으로 수출하는데, 손님들이 오시면 '새우 칵테일'로 대접하신다고 한다. 신선하고 사랑과 그리움과 정성이 가득 담긴 맛있는 음식이었다. 자녀들은 외국에 나가서 공부에 열중하고 있다는 말씀에 통성기도로 그들을 위한 기도의 시간을 가졌다.

    식사 후에 간단한 기념 촬영을 하고, 우리가 이 땅에서 다시 만날 수 없을지라도 반드시 천국에서 다시 만날 것을 약속하고, 3시간 동안의 만남에 대한 아쉬운 이별을 고했다. 무엇보다 이날 함께 예배를 드렸던 자매들은 자원봉사를 위해 와 있는 KOIKA 단원들로서, 고향을 떠나 가난한 나라에서 봉사와 섬김으로 주님의 사랑을 실천하고 있음이 보기에 참 좋았다. 긴 밤의 사랑을 나누면서, 두고 온 미국의 가족들의 안녕을 위해 기도했다.

오늘은(셋째 날) 아침 6시 30분부터 식사가 시작되는 관계로 오랜 시간을 침대에서 지낼 수 있었다. 7월 13일(월)이었다. 본격적으로 단기 사역이 시작되는 날이다. 오늘은 YWAM 선교단체에서 세우고 운영하는 'San Francisco School'이라는 학교를 중심으로 사역을 하게 된다. 네덜란드 선교사들이 와서 세운 학교(네덜란드 스타일의 건물로 아름다운 곳)로서, 지금은 원주민들이 관리하면서 초등학교로 운영되고 있다. 잠시 동안 필자가 졸업한 '수원지동국민(초등)학교'가 생각이 났다. 정말 오랜 시간이 흘렀다.

이 학교의 학생들은 약 50명 정도인데, 오늘이 첫 학기를 시작하는 개학일이었다. 학교가 위치하고 있는 지역은 계급적으로 '0~1 지역'이었다. 백주 대낮에도 마음대로 나갈 수 없는 지역이다. 전기가 들어온 지 불과 2년 남짓하고, 상수도와 하수도 시설이 없는 관계로 비만 오면 온갖 오물들이 홍수(?)를 이룬다. 학교 건물은 철문 울타리로 둘러싸여 있었으며, 문지기(?)의 허락하에 학교의 정문이 열리고 닫힌다.

의료 선교팀이 건물 안에다 자리를 잡고 주민들을 위한 의료 사역을 시작했는데 무더위도 의료 사역을 막지는 못했다. '어린이 전도팀'은 찬양과 율동과 삭개오 스토리를 인형극(puppet show)로 만들어 보여 주었다. 어린 시절에 예수 그리스도를 주님으로 영접할 뿐만 아니라 가정과 마을과 나라를 위한 복의 근원자들이 되기를 위하여 기도했다. 모두들 맡은 일에 충성하는 모습이 너무도 아름다웠다. 마침내 해가 지면서 하루의 사역이 꼬리를 내렸다.

휴식지로 돌아왔다. 저녁 식사 후에 카르타헤나 Old City Passage

를 돌아보았다. 카르타헤나의 옛날 도시로서 해적들을 물리치고 흑인 노예들을 잡아다가 팔기 위해서 세워졌던 성채다. 남미에 이런 성채가 세 곳(베네수엘라, 멕시코, 콜롬비아)에 있는데, 다른 곳은 다 폐허가 되었고, 오직 콜롬비아의 카르타헤나에만 사람들이 실제로 살고 있었다. 과거 영욕의 무너짐을 볼 수 있는 도시였다. 초대교회 성도들의 삶이 그립다(행 2장). 말마차를 타고 돌면서 휘황찬란한 옛 도시들의 모습을 감상했다. 허망한 삶의 모습들이 뇌리를 스치고 지나갔다. 잠시 있다가 사라지는 이 땅의 것들에 눈멀지 않기를 위하여 기도하기를 힘써야 할 것이다. 하나님을 만나지 못한 삶의 영광은 헛되고 헛될 뿐이다. 이렇게 7월 13일의 밤(월요일)은 우리 모두를 하나님의 사랑의 품으로 인도했다. 친백성!

◦ 세상의 허망한 것들보다는 예수 그리스도를 만나야 살 수 있다.

나의 영적 일기

다섯째 날의 감사, 작은 헌신 큰 감동

예레미야 1:5

"내가 너를 복중에 짓기 전에 너를 알았고 네가 태에서 나오기 전에 너를 구별하였고 너를 열방의 선지자로 세웠노라."

하나님께서 섭리하시는 '카이로스'의 시간을 벗어날 수 없는 삶을 실감하면서, 7월 14일(화요일)의 사역을 위해 눈을 떴다. 오늘은 자녀들과 메디컬 그룹의 대원들은 'Refuge Ministry'(집을 나온 50~60명 정도의 거리의 자녀들이 머무는 곳) 방문과 '노방 전도'가 예정되어 있고, 목사님들은 지역 교회 목사님들(약 60명 정도)을 위한 '지도자 수련회'(Leadership Conference)를 하기로 되어 있다.

가난의 극단적인 모습이 '거리의 자녀들'이다. 학교에 가서 배워야 할 나이에 학교에 가지 못하고 거리에서 구걸하여 먹고살 수밖에 없는 자녀들을 위한 사역이 'Refuge Ministry'이다. 그들이 항상 지나다니는 길목에 피난처 같은 작은 건물을 마련하여 배움과 음식과 쉼을

제공하고 있다. 선한 사마리아 사람의 사역을 생각나게 한다. 예수님께서 칭찬하셨던 나눔의 사역의 귀중함을 깨닫게 된다. 어린 선교팀원들이 이러한 부류의 사람들을 위하여 나누는 일에 선봉이 될 수 있는 것이 얼마나 자랑스러운지 모르겠다. 의료 서비스의 부재로 평균 수명이 낮은 콜롬비아 국민들에게 하루라도 행복하게 생명을 연장할 수 있도록 돕는 의료 선교의 계속성과 귀중함도 깨달았다.

황 선교사님과 두 분의 목사님은 지역 교회 목회자들에게 지도자로서의 사명감과 영적 지도력 향상을 위한 세미나가 개최되는 장소로 이동했다. 먼저 필자가 예레미야 1장 1-10절을 중심으로 지역 교회와 지역 사회의 영적인 지도자로서 반드시 갖추어야 할 마음과 의식구조에 대하여 강의를 했다. 모든 영적인 지도자들은 첫째로 성경적 '역사의식'(현실의식)을 가서야 한다(1-3절)고 했고, 둘째로 '소명의식'(4-7절)과 셋째로 '신전의식'을 잊지 말 것을 강조했다. 많은 목회사들이 현실적인 문제들로 인하여 그동안 잊고 살았던 현실에 대한 올바른 평가를 하며 하나님의 역사의식 그리고 서로를 아끼는 동료의식을 되찾는 모습이 정말 기뻤다.

특별히 어렵게 목회 사역을 감당하는 '목회자 소개 시간'도 가졌다. 어떤 젊은 목회자는 한 달에 40달러 정도로 살 수 있는 가난한 지역에서 개척 교회를 하고 있었다. 자신의 아버지가 병이 났음에도 돈이 없어서 병원에 모시고 갈 수 없다는 안타까운 사연을 소개하면서, 이를 인도하는 목사님의 기도와 '사랑의 헌금'(Love Offering) 시간을 가졌다. 동료의식을 갖고 현실 사역을 감당하자고 강의했던 '나' 자신을 하나님께서 시험하시는 것 같은 생각이 들었다. 주머니 안에는 입국할 때에 공항에서 콜롬비아 화폐로 환전을 한 돈이 조금 있었다. 그 동료 목사님과 악수하면서 50% 정도의 금액을 몰래 전달해 주었다. 눈물이 흘렀다. 말씀을 증거한 대로 실천할 수 있는 행함이 있는 믿음의 기회를 주신 하나님께 감사를 드렸다. 만사가 때가 있다는 말씀이 생각났다. 식어 버린 소명의식을 다시 찾고 하나님의 부르심에 대한 감사와 감격으로 눈물을 흘리는 사역자들을 바라보면서 소망의 하나님을 기억했다. 무엇보다 하나님께서 우리와 함께하시기에 우리의 작은 사역들은 반드시 승리로 끝이 날 것이라는 외침에 모두들 "아멘"으로 응답하는 모습이 너무나도 아름다웠다. 진리는 실천이라는 동사와 합성될 때 감사와 기쁨을 창출한다는 의미를 다시 한번 깨달았다. 이렇게 하루의 사역이 점점 어둠으로 달려가고 있었다. 친백성!

◦ 작은 헌신의 삶이 큰일을 이루며, 무엇보다 헌신은 때가 있다.

📝 나의 영적 일기

_____
_____
_____
_____
_____
_____
_____
_____
_____
_____

여섯째 날의 감사, 이김을 주시는 하나님

고린도전서 15:52, 57

"나팔 소리가 나매 죽은 자들이 썩지 아니할 것으로 다시 살고 우리도 변화하리라…우리 주 예수 그리스도로 말미암아 우리에게 이김을 주시는 하나님께 감사하노니."

어느덧 사역의 중반을 넘어서고 있었다. 오늘은 7월 15일(수), 아침부터 분주하게 움직일 수밖에 없는 날이었다. 2시간 정도 버스를 타고 여행을 해야만 했다. 오늘은 약 3만 명 정도가 집단으로 살고 있는 '팔렝케'(Palenque)라는 작은 마을로 가야만 했다. 계획대로라면 의료팀의 '의료 봉사'와 '어린이 전도 사역' 그리고 마을의 지도자들을 위한 '지도자 훈련'과 인근의 학교 학생들을 위한 '복음 전도 사역'이 펼쳐지는 날이다. 많은 사역들이 기다리고 있었던 날이다.

'팔렝케'(Palenque)에는 옛날 아프리카에서 잡혀와 노예로 살았던 흑인들의 후손들이 모여 살고 있었다. 가난하지만 정부의 지원이 조금 있으며 지금은 UN의 유네스코에서 지정한 '보호 마을'이다. 절대로 마을 밖으로 나가서 살 수 없도록 정부가 법으로 규정해 놓았기에 거주 이전의 자유가 박탈된 채로 살아가고 있다는 말에 가슴이 먹먹하고 울렁거렸다. 21세기 과학 문명의 시대임에도 불구하고 거주 이전의 자유가 박탈된 상태로 보호 마을에서 집단생활을 하는 사람들이 있다니. 한편으로 우리가 전하는 '그리스도의 복음'(고전 15:1-7)을 통하여 저들이 이 땅을 떠나는 그날에는 거주 이전의 확실한 자유를 누릴 수 있으리라는 믿음의 기대감으로, 오늘도 열심을 품고 봉사해야겠다는 결단이 조금은 마음의 위로를 주었다.

　한참 동안 달려가는 길목에서, 눈에 들어오는 경관들이 가난을 풍겨 주고 있었다. 원주민 특유의 집들과 시멘트로 지은 집들이 공존하고 있는 마을에 도착하자, 벌써 다른 팀들(내과, 치과)이 와서 의료 봉사를 하고 있었다. 많은 원주민들이 의료 봉사를 받기 위하여 긴 줄을 서 있었다. 오늘은 의료 봉사팀이 정말로 힘든 날이 될 것 같다는 생각이 들었다. 모든 대원들이 그들을 위하여 기도하는 마음으로 사역에 임했다. 주어진 자기의 위치(임무)를 잘 지키는 것이 곧 하나님의 일꾼들의 가장 아름다운 모습이라는 생각으로 기쁨을 누렸다. 나중에 결산을 해 보니 무려 200명 이상의 환자들을 진료했다는 소식에 박수를 치기도 했다. 이날에 모든 대원들이 함께 수고했지만, 필자의 사위인 Dr. Andy Lee 의사와 어린 딸 미현이의 수고가 가장 컸다는 생각에 내심으로 기쁨이 절로 났다. 정말 감사가 넘치는 하루였다.

　특별히 손길이 많이 필요한 부분은 처방대로 약을 찾아서 주는 일이었다. 황 선교사님과 두 분의 목사님들이 약을 찾아 주는 '약사 사역'(?)을 감당했다. 예정된 오후 4시까지 의료팀들의 사역이 끝이 나지 않아서 발을 동동 구르기도 했다. 환자들과 도움의 손길이 필요한 사람들이 너무도 많았기에 예정된 대로 사역이 진행될 수 없었음이 너무나 안타까웠다.

　망고 나무에서 방금 익은 망고들이 정말 맛있게 느껴졌던 하루였다. 이렇게 선교지에서의 사역은 또 다른 하루를 약속하면서 우리들을 숙소로 데려다 주고 있었다. 숙소로의 긴 여행을 하면서, 고린도전서 15장 50-58절에 기록되어 있는 '주의 일에 더욱 힘쓰는 자들!'의 삶이 생각이 났다. '부활신앙'(50-56절)과 '감사신앙'(57절)과 '상급신앙'(58절)이다. 천국에서 우리의 수고가 상급이 되어 돌아오는 그날까지 귀한 사역에 쓰임 받는 일꾼들이 될 것을 다짐했다. 친백성!

◦주의 일에 더욱 힘쓰는 자들이 가야 하는 길을 생각해 보자.

📝 나의 영적 일기

_____
_____
_____
_____
_____
_____
_____
_____
_____

일곱째 날의 감사, 은혜 없이는

로마서 5:8

"우리가 아직 죄인 되었을 때에 그리스도께서 우리를 위하여 죽으심으로 하나님께서 우리에게 대한 자기의 사랑을 확증하셨느니라."

오늘은 한 주간의 후반부가 시작되는 7월 16일, 목요일이다. 단기선교도 어느덧 마지막을 향해 가고 있었다. 작은 모터가 달린 허접한 배를 타고 '보카치카 섬'(Boca Chica Island)에서 섬 사역을 감당해야 하는 날이다. 이 섬 역시 팔랭케 마을과 같이 과거의 흑인 노예의 후손들이 살고 있는 곳으로, 섬을 벗어날 수 없는 원주민들의 아픔이 쌓여 있는 곳이다. 주민들 전체가 알코올에 중독이 되어 있을 정도로 술에 찌들어 있었다. 6~7세 부터 술을 배운다고 하니 정말 가엽기 그지없다.

이른 새벽에 작은 배를 타기 위하여 바닷가로 갔다. 이런 종류의 작은 배로 식생활을 영위하는 주민들이 많다고 한다. 중학교 시절에 물에 빠져 익사할 뻔했던 일로 인하여 물에 대한 '트라우마'가 있는 나로서는 정말로 무섭고 두려웠다. 손을 뻗으면 바닷물이 닿을 정도로 작은 배에 무려 20여 명이 탔다는 사실이 나로 하여금 기도하게 만들었다. 작은 배가 굉음을 내면서 섬을 향해 움직이기 시작하자 모두들 긴장하고 있는 모습이 마치 예수님의 제자들이 풍랑 이는 바다를 건너는 모습과 같았다.

약 30분 정도 항해를 마치고 도착하니, 옛날 한국의 60년대의 전형적인 가난한 바닷가 마을과 같은 동네가 눈에 들어왔다. 지저분한 것은 말할 것도 없다. 마을의 모든 길이 술병 뚜껑으로 도배를 한듯 병뚜껑이 가득했다. 마치 술병 뚜껑으로 길을 포장한 것처럼 보였다. 짐을 챙겨 가지고 베이스캠프로 옮겼다.

이곳에는 YWAM 선교단체에서 지어 준 '현대식 병원'이 있는데, 노르웨이에서 온 여자 의사 한 분이 의술을 베풀고 있었다. 엘리자베스(Dr. Elizabeth)라는 여자 의사는 수년 전 처녀 시절에 이곳에 단기 선교를 왔다가 현지에 살고 있던 원주민 청년과 결혼하여, 지금은 2명의 딸들을 데리고 아예 이곳으로 이주하여 살면서 선교 사역을 감당하고 있는 '특별한 은사'를 가진 분이었다. 백인인 부모님께서 딸의 결혼식을 위하여 노르웨이로부터 방문했을 때를 말씀해 주시는 황 선교사님의 말을 듣는 순간에 '선교는 하나님께 가장 귀중한 것을 드리는 것이 되어야 한다'라는 생각이 들었다. 대원들 모두가 각자에게 주어진 사역들로 온몸이 땀으로 흠뻑 젖었다. 우리의 땀 흘리는 수고가 결코 헛되지 않음을 믿었다. 특별히 의료 진료를 받으려면 원주민들에게 비용의 일부를 아주 저렴하게 부담케 하고 있음을 보면서, 'No Pain, No Gain'(고통 없이는 얻는 게 없나)라는 영어 수어가 생각났다.

이윽고 저녁이 되어 일부는 섬에 남아서 현지인들을 위한 집회를 인도했다. 나를 포함한 일부는 섬에서 아주 작은 배를 타고 육지로 향했다. 돌아오는 도중에 갑자기 배가 되돌아가려는 듯이 회전을 했다. 물에 빠진 사람들을 구출하기로 한 것이다. 작은 배 한 척이 침몰한 상황이었다. 무려 8명의 생명을 구출하여 다른 배로 옮겨 싣는 동안, 생명이 경각에 달려 있음을 다시 한 번 느낄 수 있었다. 감사하게도 그날 구출된 사람들 중에는 엘리자베스라는 여자 의사의 남편도 있었다. 그는 물에 빠져 죽음이 아주 가까이 오고 있다는 생각을 하면서, 두 딸과 사랑하는 아내를 위하여 기도했고, 바로 그 순간에 우리가 탔던 배가 그분의 곁을 지나고 있었다고 간증했다. 하나님의 구원의 때는 실수가 없으시다. 모든 것이 하나님의 은혜였다. 우리의 삶이 하나님의 필연 속에 숨겨진 존귀한 삶이라는 귀한 교훈을 깨달았다. 친백성!

◦ 선교지에서는 하나님의 작은 은혜 없이는 한순간도 살 수 없다.

📝 나의 영적 일기

여덟째 날의 감사, 하나님의 구원하심은 실수가 없다

갈라디아서 3:16

"이 약속들은 아브라함과 그 자손에게 말씀하신 것인데 여럿을 가리켜 그 자손들이라 하지 아니하시고 오직 하나를 가리켜 네 자손이라 하셨으니 곧 그리스도라."

하나님의 구원하심은 실수가 없으시다는 진리가, 뒤집힌 배로부터 구원을 받은 믿음의 형제를 바라보면서 은혜로 다가왔다. 우리들 편에서는 우연인 것 같지만, 사실은 하나님의 필연이다. 하나님은 가장 큰 것을 누리게 하시는 좋으신 분이다.

어느덧 콜롬비아 카르타헤나에서의 단기 선교 사역 마지막 날(7월 17일)을 맞이했다. 대원들의 땀 흘림의 열매와 뿌림의 열매는 하나님께서 맺어 주실 것이라 믿는다. 우리는 씨앗을 뿌리는 품꾼들로 쓰임 받았을 뿐이다. 우리는 하나님의 포도원에서 일하는 포도원 품꾼들에 불과할 뿐이다. 품꾼들에게는 품삯이 주어지는 결산의 날이 있다.

일한 대로 갚아 주시는 하나님은 포도원의 주인으로서, 주인의 것을 가지고 품꾼들에게 상급으로 주시겠다는 주님의 약속이야말로 모든 품꾼들의 희망이요, 기쁨이요, 사역의 원초적인 동기다. '상급 신앙'은 우리로 하여금 '주의 일에 더욱 힘쓰는 자'들을 만들어 가는 능력이 된다고 고린도전서 15장 58절에서 말씀하고 있다.

"그러므로 내 사랑하는 형제들아 견고하며 흔들리지 말며 항상 주의 일에 더욱 힘쓰는 자들이 되라 이는 너희 수고가 주 안에서 헛되지 않은 줄을 앎이니라."

오늘은 선교지에서의 마지막 날이다. 가장 아름답기로 소문이 난 '플라야 블랑카'(Playa Blanca)라는 해변으로 휴식을 취하러 가는 날이다. 그동안 보아 왔던 사역지의 바다 분위기와는 전혀 다른 환경에서 하나님의 창조의 섭리와 대원들의 교제를 즐기는 날이다. 상급을 주시겠다는 하나님의 약속이 그대로 실현되는 날이요, 대원들의 수고와 땀을 즉시로 갚아 주시는 날이다. 만일 천국에도 해변가가 있다고 하면 '플라야 블랑카'와 같을 정도로 아름답고 쾌적한 바닷가일 것이다. 하나님의 창조 능력의 걸작품들 가운데 하나를 보는 날이라서 매우 기뻤다. 그동안 피로에 지친 모든 것들을 바다에 던져 넣고, 이제 내일 집으로 돌아갈 준비를 하는 날로 시간을 보낼 수 있어서 너무나 좋았다. 지나온 날의 모든 피로를 물에 던져 버리고, 새로운 시작을 다시 시작해야 한다는 감사가 넘치는 하루였다.

오후에는 소박한 쇼핑으로 서로 간의 즐거움을 나눌 수 있었다. 하나님의 놀라운 은혜와 축복으로 지난 한 주간의 콜롬비아의 카르타헤나에서의 사역은 이렇게 막을 내리고 있었다.

이제 곧 한국에서는 '추석'을 맞이하게 된다. 추석의 참된 의미는 '귀향'과 '만남'이다. 돌아갈 고향이 있음은 곧 행복이다. 언제가 우리 모두는 지구라는 땅에서의 모든 수고를 마치고 영원한 본향인 천국으로 가야만 한다. 준비된 분들에게는 기쁨의 날이지만, 준비되지 않은 분들에게는 슬픔과 절망의 날이 될 것이다. 그날까지, 모든 성도들에게 맡겨진 사역은 '그리스도의 복음'(고전 15:1-7)을 '전도'라는 세상의 가장 미련한 방법을 통하여 선포하는 것이다.

"모두 함께 참여합시다. 오직 이 길만이 죄인 된 지구상의 모든 인간들에게 주시는 하나님의 영원한 지혜임을 선포합시다. 그날까지!"

우리 모두 하나가 되어 달려가는 영원한 축복이 임하기를 소원하면서… 단기 선교를 주신 하나님께 감사드린다. 친백성!

◦ 오직 예수 그리스도 한 분만이 우리의 영원한 소망이요, 기대다.

📝 나의 영적 일기

"그날 밤에"라는 제목으로 힘차게 설교하는 모습

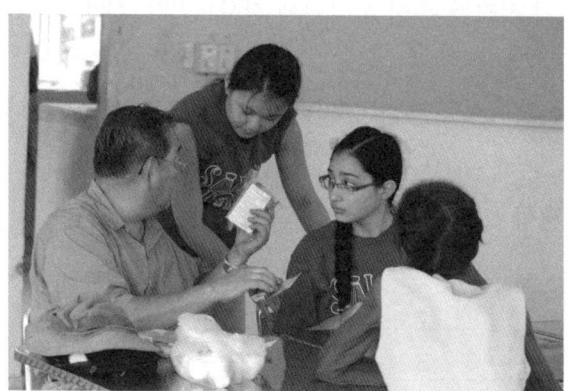

의료 봉사팀의 땀나는 사역 모습

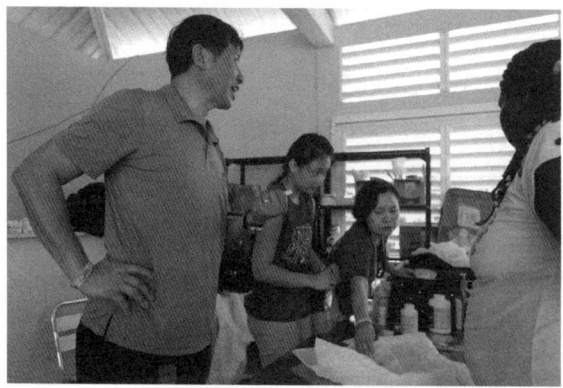

황 선교사님과 의료팀의 섬김

여름성경학교를 기쁘게 마치고

어린 생명을 귀히 여기는 삶은 아름답다

단기선교 팀원들의 마지막 기념 사진

카자흐스탄·탄자니아·콜롬비아
선교 여행기

1판 1쇄 인쇄 _ 2025년 2월 25일
1판 1쇄 발행 _ 2025년 3월 1일

지은이 _ 안문균
펴낸이 _ 이형규
펴낸곳 _ 쿰란출판사

주소 _ 서울특별시 종로구 이화장길 6
편집부 _ 745-1007, 745-1301~2, 743-1300
영업부 _ 747-1004, FAX 745-8490
본사평생전화번호 _ 0502-756-1004
홈페이지 _ http://www.qumran.co.kr
E-mail _ qrbooks@daum.net / qrbooks@gmail.com
한글인터넷주소 _ 쿰란, 쿰란출판사
페이스북 _ www.facebook.com/qumranpeople
인스타그램 _ www.instagram.com/qrbooks
등록 _ 제1-670호(1988.2.27)
책임교열 _ 이강임·최진희

ⓒ 안문균 2025 ISBN 979-11-94464-17-4 03230

책값은 뒤표지에 있습니다.
이 출판물은 저작권법에 의해 보호를 받는 저작물이므로 무단 복제할 수 없습니다.
파본(破本)은 구입처에서 교환해 드립니다.